El
CHEF
MEDICINAL

DALE PINNOCK

El CHEF MEDICINAL

Recetas para una vida sana

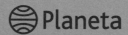

PADECIMIENTOS

* Síndrome de intestino irritable
** Síndrome de ovario poliquístico

LOS ALIMENTOS COMO MEDICINA

Muchos sistemas médicos a lo largo de la historia han reconocido el importante papel que puede tener la comida en el proceso de curación. Tanto la medicina tradicional china como la medicina ayurvédica india ofrecen dos maravillosos ejemplos acerca de cómo las interacciones entre los alimentos y nuestro cuerpo se unen y se utilizan como herramienta terapéutica. En Occidente, mientras se consolidaba el sistema médico moderno, la importancia de este conocimiento quedó olvidada por mucho tiempo. Cuando enfermamos, vamos directamente al médico. Los tratamientos quedan fuera de nuestras manos, y dependemos exclusivamente de los profesionales para que nos lleven de vuelta a la salud. Durante muchos años, el único estudio real de la nutrición se enfocó en su papel de fuente alimenticia. Sabíamos que la falta de ciertos nutrientes podía provocar enfermedades por deficiencias, como la función de la vitamina C en raquitismo y escorbuto, pero hasta ahí llegaba.

Sin embargo, hace unas cuantas décadas, volvió a crecer el interés en la nutrición y su acción potencial en el cuidado de la salud. Comenzaron a surgir tiendas naturistas. Se empezaron a publicar libros sobre el tema, y aparecieron toda clase de dietas y regímenes de salud extraños, excéntricos y maravillosos. El sistema científico comenzó a cuestionar, e incluso a oponerse a aspectos de este movimiento; a veces lo hacía con buenas razones, pero en ocasiones lo hacía a tal grado que cualquiera que discutiera las relaciones entre nutrición y salud corría el riesgo de ser tachado de charlatán.

LA EVIDENCIA

A pesar de todo esto, también se hacía mucha investigación en el área. Algunos eran estudios de población a gran escala, como la Encuesta Nacional de Salud y Nutrición que desde principios de la década de los sesenta evalúa la salud y nutrición de personas en todo Estados Unidos; y la Encuesta Británica Nacional de Dieta y Nutrición. Otros estudios fueron de intervención para probar los efectos de dietas y nutrientes específicos sobre la salud y la enfermedad. Así comenzamos a tener una mejor comprensión de lo que realmente ocurría. Pronto empezamos a aprender qué estaba teniendo efecto y qué no, y apenas estábamos en el principio del proceso. De ahí surgió una fuerte base de evidencia para el alimento como medicina por su propio derecho, y al mismo tiempo acabar con algunas de las dietas extrañas y mitos estrafalarios. Como resultado, lo que alguna vez muchos tomaron como charlatanería se considera ahora una parte válida del panorama de cuidados a la salud.

¿CÓMO LA COMIDA PUEDE AYUDARNOS A SER MÁS SANOS?

Muchos vemos la comida solo como el combustible que debemos consumir para poder seguir adelante. Justamente eso es lo que hacen elementos como los carbohidratos y proteínas –los macronutrientes– al proporcionar energía y materiales para el crecimiento y recuperación. Pero sucede que la comida es mucho más que eso. Además de los macronutrientes están los micronutrientes: las vitaminas, minerales, oligoelementos y ácidos grasos esenciales. Estas son las claves que permiten que los eventos químicos se lleven a cabo en el cuerpo. El zinc, por ejemplo, se usa para regular nuestros glóbulos blancos y la manera en que el cerebro utiliza y responde a su propia química; incluso, crea proteínas que regulan la inflamación. Las vitaminas B transforman la comida en energía, y el magnesio es esencial para más de mil reacciones químicas en el cuerpo. Así, queda claro que obtener suficientes vitaminas y minerales tendrá un enorme impacto sobre nuestra salud diaria.

Las cosas se ponen muy emocionantes cuando comenzamos a ver los compuestos en muchos ingredientes que no son estrictamente nutrientes, pues ninguno de ellos es esencial para la salud, pero pueden ofrecer efectos medicinales en sí. Y ahí es donde entran los fitonutrientes. Estos son químicos de las plantas, como los pigmentos de colores, hormonas y compuestos estructurales, que empiezan a ser ampliamente investigados y están demostrando tener efectos maravillosos. Los químicos de las cerezas pueden ayudar a combatir el insomnio; el chocolate ayuda a bajar la presión sanguínea; el vino tinto nos protege de enfermedades cardiacas. ¡Y eso es solo el principio! Cuando lo ves todo en conjunto, queda claro que lo que comemos puede tener un efecto muy profundo sobre nuestra capacidad de curarnos.

MI FILOSOFÍA

No tengo confianza ni interés en el concepto de la medicina alternativa. Solía tenerlo, pero los tiempos han cambiado al paso de mi evolución personal y profesional. No desdeño las terapias naturales, pero quisiera alejarme de la idea de que son una *alternativa* o sustituto de la medicina *convencional*, pues eso no nos sirve de mucho. En mi opinión, hay que considerar numerosos elementos cuando de salud se trata; no es simplemente un asunto de lo convencional contra lo alternativo. Si una persona está enferma y necesita medicamentos farmacológicos, necesita medicina; fin de la historia. Pero eso no significa que no haya además muchas cosas que pueda hacer por sí sola al realizar cambios en su dieta y estilo de vida.

Usemos como ejemplo la presión arterial alta. Ésta presenta un peligro real de enfermedad cardiovascular seria, pues la presión aumentará el riesgo de daños al recubrimiento interior de los vasos sanguíneos, que puede llevar a una cardiopatía. Los medicamentos que disminuyen la presión y reducen la carga al sistema cardiovascular pueden salvar vidas. Pero al mismo tiempo es importante hacer también cambios en el estilo de vida y la dieta. La ingesta de sodio y grasas saturadas malas debe reducirse, y el índice glucémico (IG) de la comida (el aumento en los niveles de azúcar en sangre después de consumirla) debe tomarse en cuenta. Y otros nutrientes pueden contrarrestar algunos de los cambios que ocurren dentro del cuerpo. Un grupo de compuestos llamados flavonoides, que se encuentran en el té verde, las cebollas y el chocolate amargo, puede aumentar los químicos que ensanchan los vasos sanguíneos y reducen la presión arterial. Comer más ácidos grasos omega 3 disminuirá de manera natural los niveles de químicos que contraen los vasos sanguíneos. Todos estos detalles están bien investigados, documentados y entendidos, entonces podemos ver que el manejo de la dieta tiene un lugar válido en el control de la presión arterial alta, así como en muchas otras enfermedades.

A mi parecer, el problema surge cuando tenemos un enfoque polarizado de «todo o nada» en el tratamiento. Solo la dieta o solo el medicamento en forma aislada, tendrán un espectro limitado de beneficios. Si juntamos los dos enfoques, el espectro terapéutico es mucho más amplio. Cuando entendemos que hay mucho más de una cosa que podemos hacer para mejorar, estaremos en mejor posición para volver a la buena salud.

MI PAPEL COMO CHEF MEDICINAL

Aquí es donde entro yo: para revisar la ciencia sobre cuáles alimentos pueden ser útiles para ciertos cambios fisiológicos y enfermedades, evaluar qué cambios dietéticos podemos hacer fácilmente, y utilizar mis habilidades culinarias para preparar platillos prácticos y deliciosos que todos puedan cocinar y disfrutar en el día a día. Me fascina la ciencia de la medicina nutricional, y también he sido un gran apasionado de la comida durante buena parte de mi vida; incluso he trabajado como chef. Siempre he amado la comida nueva, emocionante, deliciosa y, más que nada, real. Quiero mostrarles que la comida correcta que mejorará su salud no es una granola que parece aserrín, frijoles mungo o alimento para conejos. Podemos disfrutar de nuestra comida y al mismo tiempo saber que nos puede ayudar con nuestra salud.

Comer de esta manera puede ser un viaje culinario emocionante, y no tiene que sacrificarse el sabor, estilo o placer. Los platillos como la *Pizza griega sobre pita* (página 70), los *Filetes de atún con gajos de camote y verduras de hoja verde* (página 118), o el *Pastel de queso sin queso de chocolate y menta* (página 148) son verdaderas estrellas: están llenos de sabor y no se sentirán como algo menos que un manjar. La otra cosa que notará es que todas las recetas son sencillas, rápidas y fáciles. Se trata de comida saludable en el mundo real. Muchas de las recetas son maravillas de una sola olla; los ingredientes se encuentran en supermercados, tiendas gourmet y naturistas; y no necesitará equipo especial. Muchos están listos en menos de media hora. Y lo más importante: ¡todos son sabrosos!

CÓMO UTILIZAR ESTE LIBRO

Cada receta incluye símbolos que indican con cuál de los sistemas del cuerpo y en qué padecimientos específicos puede ayudarle, entonces usted busca las recetas que más le beneficien. Si solo busca un platillo para reforzar al cuerpo, ¡todo lo que está aquí le hace bien! Las recetas se dividen en capítulos según el tipo de platillo que quiera comer. Para un almuerzo rápido, vaya a *Bocadillos ligeros* (página 60); si busca ideas para compartir un festín con amigos, vaya a *Platillos pequeños, guarniciones... y a compartir* (página 74); si lo que quiere es algo un poco más elegante, busque en *Platillos principales de fin de semana* (página 122). ¡Hay una opción buena para usted cada vez que la necesite!

Para descubrir qué puede comer que le ayude en situaciones médicas específicas, puede pasar a *Padecimientos* (página 163), donde encontrará detalles sobre las 30 enfermedades donde se ha identificado de manera convincente que la comida juega un papel importante. Para cada padecimiento también encontrará una lista de las recetas más efectivas para probar, y qué ingredientes buscar. Si le interesa descubrir más sobre los efectos de alimentos individuales, pase a *Ingredientes* (siguiente página), donde hay un directorio de los principales ingredientes que han mostrado tener beneficios sobre la salud. Si desea saber más sobre la evidencia de vínculos entre comida y salud, échele un ojo a *Lecturas recomendadas* (página 191).

Así que de esto trata *El chef medicinal*: no son alternativas ni curas milagrosas, sino recetas simples y disfrutables que nos ayudarán a encaminarnos hacia una mejor salud... con la panza llena y una sonrisa en el rostro.

INGREDIENTES

FRUTAS

ARÁNDANOS

Salud del sistema urinario
Con mucha razón, los arándanos rojos tienen una larga reputación como remedio potente para tratar las infecciones del tracto urinario, como la cistitis. La mayoría de las infecciones del tracto urinario son causadas por bacterias *E. Coli*. Cuando estas se incrustan en la pared de la uretra, el sistema inmune responde y el tracto urinario se inflama. Esto es lo que provoca los síntomas.

Los arándanos tienen un contenido muy alto de compuestos llamados proantocianidinas, que previenen que la *E. Coli* se adjunte a la pared uretral.

BAYAS DE *GOJI*

Salud del sistema inmune
Las bayas de *goji*, que ya no son tan difíciles de encontrar en tiendas gourmet, naturistas y algunos supermercados, tienen un tipo muy especial de molécula grande de azúcar llamada polisacárido. Se ha mostrado que estos azúcares aumentan la producción de glóbulos blancos o leucocitos, el ejército del sistema inmune. Esto hace de las bayas de *goji* un ingrediente útil durante los resfriados y gripe, también porque mantiene fuerte al sistema inmune en todo momento.

Ojos sanos
Las bayas de *goji* están repletas de dos antioxidantes clave, luteína y zeaxantina; ambos ayudan a proteger la mácula en la retina del ojo de daños por radicales libres. Un consumo de alto nivel se ha relacionado con protección de daños a los ojos y mejorías en la vista.

CEREZAS

Antiinflamatorias
Las cerezas están repletas de compuestos llamados antocianinas, que le dan su profundo color rojo rubí. Son conocidos por funcionar de manera parecida a algunos antiinflamatorios recetados (aunque no son una alternativa), bloqueando la actividad de ciertas enzimas que estimulan la inflamación. Esto puede ayudar en muchas afecciones, incluidas la gota, artritis y dolor de articulaciones.

Insomnio
Las cerezas Montmorency en particular son conocidas por su alto contenido de melatonina, un compuesto que también se secreta en el cerebro en forma de hormona que induce el sueño. Muchos estudios clínicos han mostrado que comer cerezas frescas o pequeñas cantidades de jugo de cereza, pueden inducir el sueño efectivamente.

Gota
Las antocianinas exclusivas de la cereza también han demostrado ser efectivas contra la gota. Este doloroso malestar es provocado por cristales de ácido úrico que se acumulan en las articulaciones, donde pueden presionar las estructuras suaves dentro de la articulación. La antocianina de la cereza en verdad inhibe la acción de una enzima llamada xantina oxidasa, que produce ácido úrico.

DÁTILES

Colesterol alto
Los dátiles tienen un elevado contenido de una fibra soluble llamada beta-glucano. Muchos ensayos clínicos han señalado que el beta-glucano es efectivo para reducir el colesterol. Esto lo hace enlazando el colesterol al tracto digestivo y eliminándolo por medio de los intestinos.

Estreñimiento
El beta-glucano es maravilloso para ablandar las heces y estimular contracciones ligeras en la pared intestinal, lo que posibilita una mejor eliminación.

MANZANAS

Colesterol alto
Las manzanas contienen un tipo único de fibra soluble llamada pectina. Esta fibra puede ayudar a sacar el colesterol del sistema digestivo. Cuando el hígado produce colesterol, una proporción muy alta se envía al tracto digestivo, donde se absorbe en el torrente sanguíneo. Si podemos reducir esto, reduciremos los niveles de colesterol. Es así como funcionan las bebidas que reducen el colesterol.

Asma
Ciertas investigaciones indican que un químico llamado floridzina de las manzanas, puede ayudar a reducir la inflamación localizada en los pulmones, por ejemplo en el asma. También en las manzanas hay niveles muy altos de compuestos llamados quercetina, que tiene una actividad antihistamínica natural y sutil.

LIMONES AMARILLOS Y VERDES

Resfriado y gripe
La primera cosa buena de los cítricos es que están repletos de

vitamina C. Esta es vital para la función inmune, pues permite que los glóbulos blancos ataquen los microbios con más ferocidad. Los limones también son ricos en el compuesto llamado kaempferol, que tiene notables propiedades antibióticas. Estas se han demostrado epidemiológicamente (por medio de estudios de patrones generales de salud) además de clínicamente.

MANGOS

Piel saludable
La pulpa color amarillo brillante del mango se produce por una alta concentración de betacaroteno, un antioxidante soluble en grasa que puede moverse rápidamente hacia la piel y protegerla de los daños provocados por radicales libres, que llevan al envejecimiento prematuro y las arrugas. El betacaroteno también tiene actividad antiinflamatoria.

Salud del sistema digestivo
Hay un grupo de enzimas en el mango que son proteolíticas, lo que significa que ayudan al cuerpo a digerir proteínas con mayor efectividad. Aun así, si por esta razón va a comer mango, recomendaría que lo comiera antes de una comida y no después, ya que la fruta después de una comida puede provocar malestar digestivo.

MORAS AZULES

Corazón y circulación
Es una exageración mucho de lo que se dice sobre las propiedades increíbles de la mora azul para la salud, pero son altas en antioxidantes antocianidinas. Estos son los compuestos que le dan su profundo color púrpura, y

se ha verificado que producen un relajamiento de los vasos sanguíneos, protegen contra daños las paredes de estos, e incluso disminuyen ligeramente el colesterol.

Salud de los ojos
Algunos de los antioxidantes en las moras azules se han probado clínicamente, y han revelado beneficios potenciales en casos de degeneración macular (pérdida de visión en el centro del campo visual) y en cataratas. No son una cura, pero podrían ayudar en la prevención.

PAPAYA

Inflamación e indigestión
La papaya contiene una enzima muy potente llamada papaína, conocida por ser muy benéfica para la digestión. Es especialmente útil para la indigestión provocada por comer demasiada comida alta en proteína, ¡como un bistec enorme! La papaína también es útil para aliviar la inflamación, al mejorar la digestión y la descomposición de compuestos alimenticios.

PIÑA

Artritis
La piña contiene una enzima muy potente llamada bromelina, que realmente bloquea ciertos aspectos de la reacción inflamatoria para que no ocurran. La piña tiene una excelente trayectoria en beneficiar muchos padecimientos inflamatorios dolorosos. Sin embargo, la mayor parte de la bromelina se encuentra en el duro corazón interno de la piña, parte que casi todos desechamos; eso sí, a menudo es comestible en piñas muy maduras.

Salud del sistema digestivo
La bromelina también se considera un auxiliar digestivo útil, en particular para los alimentos altos en proteína.

PLÁTANOS

Insomnio
Los plátanos tienen un alto nivel del aminoácido llamado triptófano, que en el cerebro se convierte en el neurotransmisor serotonina. Este neurotransmisor ayuda a regular los patrones del sueño.

Presión arterial alta
Los plátanos son muy altos en potasio. Esto ayuda a amortiguar los efectos de la sal en el cuerpo, que incluyen la contracción de los vasos sanguíneos y el incremento en la retención de líquidos, provocando un aumento en la presión arterial. El equilibro entre sodio y potasio es una parte importante del manejo de la presión arterial. Por supuesto, no es tan sencillo como comer un plátano y con eso todo estará en orden; solo que es un gran ejemplo de un alimento que debe incluirse en la dieta.

UVAS

Presión arterial alta
Las uvas contienen dos potentes compuestos clínicamente probados que pueden afectar la presión arterial. El primero es el pigmento color púrpura profundo de un grupo de compuestos llamados proantocianidinas (¡dígalo rápidamente y le doy un billete!) El segundo es un compuesto llamado resveratrol, el cual funciona de manera similar, y la acción de ambos se complementa mutuamente. Aumentan la

producción de compuestos liberados en forma natural por las células que recubren los vasos sanguíneos, lo que ocasiona que se relajen los músculos de las paredes de los vasos, haciendo que estos últimos se ensanchen. Cuanto más ancho el vaso, menor la presión.

Colesterol alto
Las uvas no parecen contener ningún compuesto en sí que baje el colesterol, pero tienen compuestos que reducen la oxidación del colesterol. Este proceso químico altamente reactivo provoca daños notables a las paredes de los vasos sanguíneos, y es una de las razones por las que reducir el colesterol es una buena idea.

VERDURAS

ACEITUNAS

Salud del sistema digestivo
Algo de lo más notorio de las aceitunas es su sabor intenso, el cual es clave en su manera de ayudar a la digestión. Cuando probamos algo amargo, ocurre un reflejo nervioso, y como resultado la vesícula biliar se contrae y libera un chorrito de bilis. La bilis es esencial para la digestión de la grasa, y también funciona como el laxante interno del propio cuerpo. Este reflejo también aumenta la producción de jugos gástricos, así que mejorará ligeramente la digestión de la proteína.

Corazón y circulación
Se ha demostrado que los ácidos grasos del aceite de oliva son benéficos para la salud del corazón. Pueden aumentar los niveles de colesterol bueno (HDL) y disminuir el malo. El ácido oleico

en el aceite de oliva también parece tener un efecto benéfico en la presión arterial.

AGUACATES

Colesterol alto
Los aguacates tienen un nivel muy alto de un ácido graso llamado ácido oleico, que también se encuentra en el aceite de oliva, el cual en muchos ensayos clínicos han demostrado causar una reducción del colesterol malo (LDL) y un aumento sutil del colesterol bueno (HDL).

Piel saludable
También son muy altos en vitamina E, un antioxidante soluble en grasa. Esto ayuda a proteger de daños las membranas de las células de la piel, y pueden ser una parte importante de un régimen natural de cuidados del cutis.

Corazón y circulación
El alto contenido de vitamina E en los aguacates los hace un alimento maravilloso para la salud cardiaca. La vitamina E es un anticoagulante natural, lo que significa que reduce la actividad de coagulación de la sangre y puede ofrecer un beneficio protector contra paros cardiacos y embolias.

ALCACHOFAS

Diabetes
Las alcachofas tienen un nivel muy alto de un tipo de azúcar llamado inulina, que se ha comprobado estabiliza los niveles de azúcar en sangre, pues desacelera la liberación de glucosa de otros alimentos, reduciendo así los picos de azúcar en sangre.

Salud del sistema digestivo e hígado
Las alcachofas contienen un

compuesto llamado ácido cafeoilquínico, que se cree protege al hígado de daños inflamatorios y aumenta la producción y flujo de bilis. Esto ofrece protección contra las piedras en la vesícula y alivio del estreñimiento. La bilis es básicamente el laxante natural del propio cuerpo.

Colesterol alto
Algunos ensayos clínicos donde se utilizó extracto de alcachofas mostraron reducciones en el colesterol malo (LDL). Esto puede deberse en parte a su efecto en el flujo de bilis, pues la bilis es una de las vías principales que transporta el colesterol desde el hígado.

ALCACHOFAS DE JERUSALÉN

Salud del sistema digestivo
Las alcachofas de Jerusalén son como dinamita para la digestión, y para los aún no iniciados, ¡su primera experiencia con ellas puede ser algo explosiva! Pero por favor persista, ya que se calmará rápidamente. Son muy altas en un compuesto llamado fructo-oligosacárido (FOS), y otro llamado inulina, ambos compuestos prebióticos, en otras palabras, una fuente alimenticia para las bacterias intestinales *buenas*. Cuando estas bacterias se alimentan de ellos, comienzan a reproducirse y fortalecerse. Estas bacterias buenas ayudan a regular múltiples aspectos de la salud digestiva, desde mejorar el tránsito hasta reparar la pared intestinal, e incluso la manufactura de ciertos nutrientes.
*La alcachofa de Jerusalén es un tubérculo que tiene el mismo sabor que el corazón de la alcachofa, y se come cocido.

APIO

Reducción de dolor
A pesar de su inocente apariencia, el apio tiene un golpe medicinal poderoso. Contiene un compuesto potente llamado 3-n-butil-ftalida (o 3NB), que es un efectivo analgésico. No reemplazará a la morfina muy pronto, pero es un ingrediente fácil de incorporar, y la evidencia anecdótica ha mostrado que es eficaz para afecciones como artritis, torceduras y lesiones. ¿Verdad que es divertida la ensalada?

Salud del sistema urinario
El apio posee un complejo coctel de componentes que le dan una actividad diurética poderosa. Para empezar, contiene un grupo de compuestos llamados cumarinas, que ayudan a darle su olor distintivo y son los mismos que le dan al pasto recién cortado su fragante aroma. También aumentan la excreción urinaria. Sumemos a esto niveles muy altos de potasio, y habrá un aumento notable en la eliminación de orina. ¡Pruebe tomar un poco de jugo de apio y observe qué ocurre! Esto lo vuelve útil para las infecciones del tracto urinario e incluso en la presión arterial alta.

BERENJENA

Salud del sistema nervioso
Recientemente se identificó un fitonutriente llamado nasunina en la piel de la berenjena, se cree que protege de daños al recubrimiento graso de las células nerviosas.

Estreñimiento
Las berenjenas tienen alto contenido en fibra, lo que ayuda a ablandar las heces y mantener las cosas en movimiento.

BETABEL

Presión arterial alta
El betabel ha sido centro de gran cantidad de investigaciones clínicas en años recientes. Una de las áreas que ha llamado mucho la atención es el efecto del betabel sobre la presión arterial. Es muy alto en nitratos naturales, un tipo de sal mineral. El cuerpo convierte a estos nitratos en óxido nítrico, que se produce de manera natural para regular la presión arterial. El óxido nítrico hace que se relajen los músculos en las paredes de los vasos sanguíneos, lo que los ensancha y a su vez reduce la presión arterial. Algunos estudios a pequeña escala han confirmado este efecto. Incluso así, esto no significa que pueda echar toda su medicina al bote de basura y comer betabel todo el día; solo hago hincapié en un ingrediente poderoso del que podemos comer más para beneficiar nuestra salud.

Salud del hígado
Varios estudios han demostrado que la betacianina, el pigmento color púrpura en el betabel, puede tener un efecto benéfico sobre la función hepática. Se sabe que aumenta el nivel y actividad de enzimas desintoxicantes alojadas en el hígado, en particular el poderoso glutatión peroxidasa, que participa en la descomposición y eliminación de alcohol del hígado. ¿Un vuelve-a-la-vida, alguien? Nah, ¡saquen el jugo de betabel!

BRÓCOLI

Prevención del cáncer
Siempre soy cauteloso con las afirmaciones de que un ingrediente o cambio exclusivo en el estilo de vida pueden causar o prevenir el cáncer; aquí sucede lo mismo. Sin embargo, el brócoli sí contiene algunos compuestos químicos que, al menos en estudios de laboratorio, parecen ofrecer cierta prevención contra cambios cancerígenos en las células. Los compuestos indole-3-carbinol y el sulforafano son los que más se han estudiado. Pero eso no significa que usted pueda fumarse una cajetilla al día si come brócoli; solo es una perspectiva interesante sobre los efectos tan poderosos que pueden tener los alimentos.

Úlceras estomacales
Algunos investigadores sugieren que el sulforafano puede ayudar a matar la bacteria *H. Pylori*, que tiene que ver con las úlceras estomacales.

CALABAZA DE CASTILLA (*BUTTERNUT*)

Acné y eczema
El color de la hermosa pulpa naranja brillante viene de un grupo de compuestos llamados carotenoides, antioxidantes solubles en grasa que pasarán a las capas inferiores de la piel con bastante rapidez. Su actividad antiinflamatoria localizada puede reducir el enrojecimiento de lesiones como en el eczema y acné. También ayudan a proteger de daños a las fibras de colágeno, así que son un estupendo agente antienvejecimiento.

Corazón y circulación
Los carotenoides pueden reducir la oxidación de compuestos grasos como el colesterol malo (LDL), que puede dañar los vasos sanguíneos. Estas áreas dañadas se tapan con colesterol y tejido cicatricial provocando cardiopatías. Reducir la oxidación reduce a su vez el riesgo.

CAMOTE

Salud del sistema inmune
Los camotes contienen un tipo único de proteína de almacenamiento usado por la planta como fuente alimenticia durante varias etapas de su ciclo de crecimiento. Investigaciones hechas en China han señalado que esta proteína podría estimular la producción de glóbulos blancos, posiblemente ayudando con la inmunidad.

Salud de la piel
Los camotes también son ricos en betacaroteno, sustancia que les da su brillante color naranja. Esto puede ofrecer importante protección antioxidante para la piel, y también cierta acción antiinflamatoria.

CEBOLLA

Alergias
El compuesto llamado quercetina es muy abundante en las cebollas, el cual tiene una actividad antihistamínica suave pero efectiva. Las alergias tienen que ver con una liberación localizada de histamina por los glóbulos blancos, lo que provoca inflamación e irritación.

Asma
Las cebollas, en especial las moradas, contienen varios compuestos que pueden reducir la inflamación, en particular en el tracto respiratorio, así que pueden ser útiles para los asmáticos.

Salud del sistema digestivo
Las cebollas, como toda la familia *Allium*, son ricas en el compuesto inulina, un potente prebiótico. Este aumentará las cantidades de bacterias *buenas* que regulan virtualmente casi todo aspecto de la salud digestiva.

CHIRIVÍA

Salud del sistema digestivo
La chirivía contiene un tipo especial de azúcar llamada inulina, motivo de su sabor dulce. Es un prebiótico potente, lo que significa que es una buena fuente alimenticia para las bacterias buenas que viven en el intestino. Cuando estas bacterias se reproducen y aumentan en número, también secretan compuestos que ayudan a reparar el recubrimiento del intestino y regulan el movimiento a través de este.

COL

Limpieza general de las células
No creo en las dietas desintoxicantes que se ponen tan de moda, pero el cuerpo se desintoxica de manera natural. Cada segundo de cada día, cada célula descompone y elimina productos de desecho. La col, como todos los miembros de la familia *Brassica*, está repleta de compuestos como los isotiocianatos (¡intente decirlo al revés!) que, en efecto, aumentan los niveles de algunas de las enzimas involucradas en el proceso.

Corazón y circulación
Algunos compuestos fitoquímicos en la col son reconocidos por reducir los niveles de una sustancia llamada homocisteína, que se ha relacionado con un aumento de riesgo de cardiopatías.

COL MORADA

Antiinflamatoria
El profundo color púrpura se obtiene por medio de un poderoso grupo de antioxidantes llamado antocianinas. Estos envían una cantidad razonable de actividad antiinflamatoria, en particular para el tracto digestivo y sistema cardiovascular. También ayudan a reducir algunos de los químicos que realmente disparan la inflamación en primer lugar.

Corazón y circulación
Se ha comprobado que las antocianinas estimulan a las células que recubren la superficie interna de los vasos sanguíneos para secretar un químico llamado óxido nítrico, que relaja los músculos en las paredes de los vasos sanguíneos. Esto a su vez baja la presión arterial. El efecto es temporal, pero es uno de los ingredientes que puede agregar a su dieta para ayudar a controlar la presión arterial alta.

COL RIZADA (*KALE*)

Osteoporosis
La col rizada es muy rica en calcio, y además en fósforo. Esta proporción apoya la salud esquelética: si los niveles de fósforo son demasiado altos, y los niveles de calcio demasiado bajos, aumenta el riesgo de la osteoporosis.

Calambres musculares
Su color verde oscuro significa que la col rizada es increíblemente rica en clorofila. La clorofila contiene magnesio, y el calcio y magnesio trabajan juntos en el tejido muscular. El calcio hace que el músculo se contraiga, mientras el magnesio hace que se relaje. Cualquier tipo de calambre o espasmo muscular se beneficiará siempre del magnesio adicional.

EDAMAME

Salud del sistema reproductivo
El edamame, o frijol de soya, es una de las fuentes más ricas de isoflavonas en el planeta. Estos son compuestos parecidos al

estrógeno que se pueden enlazar a receptores de estrógeno, y algunos han demostrado ofrecer ciertos beneficios en problemas como la menopausia y endometriosis.
*El edamame son vainas de frijol de soya tiernas.

Colesterol alto
Se ha visto que el consumo regular de los frijoles de soya disminuye el colesterol malo (LDL).

ESPÁRRAGOS

Salud del sistema urinario
El espárrago ha sido una medicina tradicional en Asia durante siglos. Contiene un compuesto único llamado asparraguina, que aumenta la producción de orina. Este puede ser muy útil en afecciones como la presión arterial alta y la retención de fluidos.

Antiinflamatorio
Se ha identificado un químico en el espárrago llamado racemofuran que tiene una ligera actividad antiinflamatoria.

ESPINACA

Salud de la piel
No solo es una buena fuente de vitamina C, proteína y hierro, la espinaca también está llena de betacaroteno, el potente antioxidante soluble en grasa, que de manera natural y rápida logra diseminarse en las capas inferiores grasas de la piel, donde puede proteger de daños a las fibras de colágeno y elastina.

ESPIRULINA

Salud de la piel y sistema neurológico
La espirulina es un alga extremadamente nutritiva, muy alta en vitaminas B, las cuales son vitales para transformar la comida en energía, mantener la piel sana y regular muchas actividades del sistema nervioso central.

Refuerzo natural de energía
La espirulina es una fuente de proteína vegetariana maravillosa: tiene 60-70% de proteína, y proporciona el espectro entero de aminoácidos esenciales que necesitamos todos los días. Con niveles de vitamina B y proteína como estos, la espirulina es un estupendo refuerzo natural de energía.

FRIJOLES

Colesterol alto
Todos los frijoles son muy ricos en fibra de manera natural, lo que es de inmenso beneficio para el sistema cardiovascular. Como sabemos, la fibra tiene un importante efecto *limpiador* en la salud digestiva, y se asegura de que las cosas tengan el movimiento adecuado. Esto asiste al sistema cardiovascular, pues ayuda a deshacerse del colesterol. Cuando el cuerpo fabrica colesterol en el hígado, partes de este ahí mismo se absorben, mientras lo demás se transporta por medio de la bilis desde el hígado hasta el tracto digestivo, donde la mayoría se absorbe. Una buena ingesta de fibra puede reducir la absorción de gran parte de este colesterol, ayudando a mantener sus niveles bajo control.

Salud del sistema digestivo
Los frijoles, como todos los alimentos altos en fibra, son obligados para una digestión sana. La fibra se hincha dentro del tracto digestivo, aumentando la masa de los contenidos digestivos. Cuando esto ocurre, receptores especializados de estiramiento detectan el aumento en volumen y estimulan la contracción de los músculos que recubren la pared intestinal. Esta contracción rítmica, conocida como peristalsis, es lo que mantiene a todo moviéndose por el intestino como debe ser.

Salud del sistema reproductivo
Algunos tipos de frijoles, como los de soya y los garbanzos, son ricos en un grupo de compuestos llamados isoflavonas. Tales compuestos son parecidos en estructura al estrógeno y de hecho pueden enlazarse a los receptores de estrógeno en los tejidos susceptibles a ello. Es importante saber que aunque se enlazan a los receptores de estrógeno, no existe evidencia de que estimulen un efecto estrogénico.

Algunos problemas hormonales, como la menopausia y el síndrome premenstrual, involucran síntomas que resultan de cambios en los niveles de estrógeno. Esto puede hacer que los tejidos entren en aceleración porque hay demasiado estrógeno presente, o causar una reacción porque los niveles de estrógeno cayeron considerablemente. Cuando hay exceso de estrógeno, se cree que las isoflavonas pueden enlazarse a los receptores de estrógeno, y evitar que el estrógeno real sobreestimule los tejidos. Por otro lado, cuando hay insuficiente estrógeno y los receptores están desprovistos, el enlace de las isoflavonas a los receptores puede reducir algunos de los síntomas de abstinencia que se experimentan.

GERMINADO DE CHÍCHARO

Salud del sistema inmune
Aparte de los cítricos, los germinados de chícharos son en verdad una buena fuente de vitamina C. Y, ya que estos brotes pequeños se comen crudos y muy tiernos, sus niveles de nutrientes son superiores. No solo son una gran alegría, también son una excelente manera de obtener esa vitamina C tan vital durante los meses de invierno.

Generación de proteínas
Los brotes de semillas son densos en todos los aminoácidos esenciales que nuestros cuerpos necesitan para elaborar la proteína. Estos nutrientes son mucho más concentrados en las plantas durante sus etapas tempranas del ciclo de crecimiento, así que los brotes están repletos. No es necesario consumir proteína para producir proteína; lo que necesitamos son aminoácidos esenciales (los que nuestros cuerpos no pueden producir por sí solos y deben obtenerse de la dieta), que después se enviarán al hígado y se utilizarán para hacer proteínas humanas.

HABAS

Salud del sistema digestivo, corazón y circulación
Como todas las legumbres, las habas son muy altas en fibra, la cual reparte beneficios a dos sistemas del cuerpo. Para empezar, los alimentos altos en fibra benefician la digestión al garantizar la regularidad intestinal. La fibra atrae el agua y se hincha en el tracto digestivo, fortaleciendo las contracciones naturales de la pared intestinal (conocida como peristalsis), y mantiene todo en correcto movimiento. El contenido de fibra también apoya al sistema cardiovascular, pues ayuda a sacar el colesterol del intestino y puede reducir los niveles generales de colesterol. Son además muy ricas en potasio, lo que contribuye a reducir la presión arterial.

HINOJO

Salud del sistema digestivo
Los aceites que le dan el sabor tan distintivo al hinojo son conocidos por aliviar los dolores y espasmos en el tracto digestivo, así que es ideal para el malestar estomacal con retortijones. Estos mismos aceites ayudan a disipar gases y flatulencias y alivian la hinchazón.

HONGOS *SHIITAKE*

Salud del sistema inmune
Los *shiitake* se incluyen entre algunas variedades de hongos que contienen azúcares poderosos y únicos llamados polisacáridos; estos últimos abundan en la naturaleza, pero los que se encuentran en los *shiitake* son los beta-glucanos, que han sido investigados en todo el mundo durante más de 40 años. El área donde la evidencia es más fuerte, es el efecto que tienen sobre el sistema inmune. Se ha confirmado que provocan un aumento en la producción de glóbulos blancos (el ejército de nuestro sistema inmune) y en su respuesta a los patógenos o células dañadas. Solo una cantidad pequeña diaria de estos compuestos puede realmente darle un refuerzo al sistema inmune.

Colesterol alto
Hace una o dos décadas, se descubrió en los hongos *shiitake* una sustancia llamada eritadenina. Se encontró que esta podía reducir el colesterol malo (LDL) mientras aumentaba los niveles de colesterol bueno (HDL). Se cree que esto tiene una influencia sobre la manera en que el hígado produce el colesterol.

JITOMATE

Corazón y circulación
Los jitomates son un componente importante de los bien documentados beneficios a la salud que proporciona la dieta mediterránea. Están repletos de dos importantes nutrientes antioxidantes: la vitamina C y el licopeno. El licopeno es un compuesto carotenoide responsable en mucho de su color rojo. Estos son importantes para la salud del corazón, pues reducen la peroxidación lipídica, un tipo de daño que ocurre de manera natural en las grasas de la alimentación. Esto puede provocar daños a las paredes de los vasos sanguíneos, y preparar el camino a las cardiopatías.

Salud de la próstata
Se ha investigado mucho el vínculo entre el licopeno y la salud de la próstata, aunque la evidencia es variada. Sin embargo, hay datos que sugieren que las poblaciones que consumen altos niveles de licopeno tienden a tener menos problemas relacionados con la salud de la próstata.

PAPAS

Presión arterial alta
Se ha descubierto que la humilde papa, aunque puede ser en cierta medida una bomba de almidón, contiene kukoamina, un compuesto de cuya existencia solo se sabía en hierbas chinas poco conocidas. No lo tienen muchas plantas, y se ha demostrado que

causa una reducción leve en la presión arterial. Todavía no es claro cómo funciona, pero representa una pequeña esperanza para los amantes de las papas. Sin embargo, cuidado: el exceso de cualquier comida con alto almidón no es nada buena para el corazón, pues puede alterar los niveles de azúcar en sangre muy rápidamente.

PIMIENTOS

Salud de la piel
Los pimientos rojos y naranjas están repletos de dos compuestos antioxidantes solubles en grasa muy potentes: carotenoides y flavonoides; ambos contribuyen a sus colores vívidos. Se difunden rápidamente en la capa grasa de la piel, donde las fibras de colágeno y elastina son más densas, y ayudan a proteger de daños al colágeno. Esto puede reducir las arrugas y el envejecimiento de la piel. También pueden ofrecer actividades antiinflamatorias localizadas, y ser útiles para el eczema y acné.

Corazón y circulación
Los flavonoides son también benéficos para la salud de los vasos sanguíneos, haciendo que el recubrimiento interno de los vasos sea más resiliente a los daños. Es el daño a este recubrimiento lo que ayuda a provocar la acumulación de placas en el sistema cardiovascular.

POROS

Salud del sistema digestivo
Como todos en la familia *Allium* (cebollas, cebollín y ajo), el poro es muy alto en el compuesto prebiótico inulina; este alimenta las bacterias buenas en el intestino, posibilitando su reproducción,

fortaleciendo la colonia y mejorando la función digestiva.

Corazón y circulación
La familia *Allium* contiene altos niveles de compuestos a base de azufre, conocidos por reducir la coagulación de la sangre. Estos compuestos también parecen tener un efecto favorable en los niveles de colesterol.

ZANAHORIAS

Piel saludable
El vívido color anaranjado de las zanahorias se debe al betacaroteno. De manera natural este compuesto se dispersa en tejidos grasos, como los de la piel, donde puede ofrecer protección antioxidante localizada y actividad antiinflamatoria. Esto es ideal para padecimientos como el acné y eczema.

Salud de los ojos
El viejo proverbio de que las zanahorias te pueden ayudar a ver en la oscuridad no es cierto. ¡Apuesto a que la noticia lo dejó anonadado! Era en realidad parte de la propaganda de la guerra. Dicho esto, las zanahorias sí ofrecen algunos beneficios para la salud de los ojos, gracias al betacaroteno. Este nutriente soluble en grasas puede acumularse en los ojos y ofrecer protección contra daños provocados por radicales libres, lo que puede ayudar a proteger contra las cataratas.

LÁCTEOS Y PESCADOS

ANCHOAS

Corazón y circulación
Los altos niveles de los ácidos

grasos vitales omega 3 en las anchoas ayudan a mantener niveles sanos de colesterol y ofrecen protección contra daños a las paredes de los vasos sanguíneos provocados por la inflamación, que a su vez inicia el proceso de las cardiopatías.

Asma y eczema
Los ácidos grasos omega 3 también ayudan al cuerpo a crear sus propios compuestos antiinflamatorios naturales, mismos que llegan a reducir la inflamación. Por eso estas grasas son vitales en el manejo de todos los padecimientos inflamatorios, como asma, eczema y artritis.

Huesos y articulaciones
Las anchoas tienen un estupendo contenido de minerales, así que las recomendaría para enfermedades como la osteoporosis, pues son muy altas en calcio, magnesio, fósforo y vitamina D. Todos estos son clave en el mantenimiento de la densidad mineral ósea.

ARENQUE

Artritis, eczema y asma
Como todos los pescados grasos, los arenques están repletos de ácidos grasos omega 3 que ayudan al cuerpo a producir sus propios compuestos potentes antiinflamatorios. Estos hacen que todo el pescado graso sea importante para atacar afecciones inflamatorias.

Corazón y circulación
Los ácidos grasos omega 3 son vitales para la salud del corazón. Para empezar, protegen a los vasos sanguíneos del daño inflamatorio. En segundo lugar, ayudan a disminuir los niveles de colesterol malo (LDL) y aumentar

los niveles de colesterol bueno (HDL). También juegan un papel en la reducción de la coagulación de la sangre.

Raquitismo y osteoporosis
Los pescados grasos como los arenques están saturados de vitamina D, uno de los nutrientes en los que tenemos más deficiencia. La vitamina D es vital para facilitar la absorción del calcio, y una deficiencia de este en un niño en desarrollo puede causar raquitismo, mientras que esta deficiencia en la adultez puede aumentar y exacerbar la osteoporosis.

ATÚN

Corazón y circulación
Varios estudios han encontrado que el atún tiene un efecto positivo en los niveles de colesterol. Esto probablemente tiene que ver con los altos contenidos de omega 3 en el atún fresco. El atún de lata, aunque es una excelente proteína magra, no es una buena fuente de omega 3, pues todos sus aceites se extraen y venden a la industria de suplementos nutricionales.

Salud de la piel
El atún es rico en el mineral selenio. Este mineral vital es uno de los componentes clave para producir los compuestos antioxidantes propios del cuerpo. El selenio ha mostrado ser benéfico para la salud de la piel, y también como antiinflamatorio.

CABALLA (MACARELA)

Artritis, eczema y asma
La caballa es increíblemente alta en ácidos grasos vitales omega 3. Estos ayudan al cuerpo a producir sus propios compuestos antiinflamatorios internos, lo que la vuelve excelente para los procesos inflamatorios.

Corazón y circulación
Los ácidos grasos omega 3 han tenido efectos muy favorables sobre los niveles de colesterol, y pueden también ayudar a proteger las paredes de los vasos sanguíneos de daños inflamatorios.

Osteoporosis y raquitismo
Los pescados grasos, en particular la caballa, son muy altos en vitamina D, que es vital para la utilización correcta del calcio en el cuerpo. La fuente principal de vitamina D para los humanos es la conversión de colesterol en vitamina D tras exponernos a la radiación UV, ¡en otras palabras, el sol! Por suerte, hay también unas cuantas fuentes dietéticas, y los pescados grasos están en la cima de la lista.

HUEVOS

Corazón y circulación
Se ha calumniado mucho a los huevos por su contenido en colesterol, pero en realidad son básicamente la mejor fuente de proteína en el planeta, por la sencilla razón de que toda la proteína es 100% utilizable. Además los huevos son muy ricos en betaína, un nutriente conocido por reducir la homocisteína, que es un potente compuesto relacionado con un mayor riesgo de cardiopatías.

Salud del sistema nervioso
Los huevos también son muy ricos en colina, que ayuda a mantener la integridad de las estructuras grasas que rodean las células nerviosas. Esto los hace muy útiles para cualquier desorden nervioso, por lo menos desde el punto de vista de su mantenimiento básico.

LANGOSTINOS

Piel saludable
Los langostinos son increíblemente ricos en dos minerales vitales: zinc y selenio. El zinc ayuda a regular las glándulas productoras de grasa en la piel; si la piel es demasiado grasosa o demasiado seca, el zinc adicional puede ayudar a equilibrar un poco más las cosas. También es vital para mejorar la cicatrización de heridas, pues regula la actividad de los glóbulos blancos que participan en el manejo de las infecciones.

El selenio también participa en la sanación de heridas y reducción de la inflamación. Los langostinos además son ricos en un antioxidante soluble en grasa llamado astaxantina, que les da su distintivo color rosado. La astaxantina se acumula en la capa grasa de la piel, donde puede proteger contra el envejecimiento prematuro y ofrecer alguna acción antiinflamatoria. Todo esto hace del langostino una excelente opción para el acné, eczema y psoriasis.

Salud del sistema inmune
El alto nivel de zinc en los langostinos los vuelve una estupenda comida para el sistema inmune. El zinc regula muchas de las funciones internas de los leucocitos o glóbulos blancos, el ejército del sistema inmune, asegurándose de que respondan lo mejor posible ante invasores o células y tejidos dañados.

QUESO DE CABRA

Salud del sistema digestivo
Las propiedades del queso de cabra son como las del feta, incluso con mayor tolerancia para quienes

usualmente son intolerantes a los productos lácteos, así que puede ser mucho más fácil de digerir.

QUESO FETA

Salud del sistema digestivo
El feta de buena calidad está hecho de leche de oveja, que a menudo es mucho mejor tolerado por el tracto digestivo y tiene menor probabilidad de provocar esos malestares estomacales tan comunes con los quesos elaborados con leche de vaca.

SALMÓN

Corazón y circulación
El salmón está repleto de ácidos grasos omega 3, esas grasas buenas tan importantes. Estas ayudan a mantener niveles sanos de colesterol y a proteger los vasos sanguíneos de daños inflamatorios, que pueden ser el primer paso en el proceso que conlleva a paros cardiacos. El omega 3 también es benéfico para el grado y fluidez en que se coagula la sangre.

Artritis, asma y eczema
Los ácidos grasos omega 3 son agentes antiinflamatorios muy poderosos. El cuerpo los transforma en sus propios antiinflamatorios internos, que pueden *apagar* la reacción inflamatoria.

Salud del sistema neurológico
El omega 3 también es vital para la salud del cerebro y sistema nervioso. Las células tienen un recubrimiento especial de material graso en su superficie externa, conocida como capa de mielina, que es vital para enviar y recibir mensajes. Esta puede dañarse y necesita ácidos grasos esenciales para su mantenimiento.

Investigaciones también han arrojado que el omega 3 del pescado graso puede ser benéfico para la salud mental y problemas del sistema neurológico, como la depresión, mejorar la memoria e incluso la estabilidad del comportamiento y ánimo.

SARDINAS

Corazón y circulación
Las sardinas son otro importante miembro del club de los pescados grasos; todos tienen los mismos beneficios de omega 3 que el salmón.

YOGUR

Salud del sistema digestivo e inmune
Los cultivos de bacterias vivas que se encuentran en el yogur probiótico pueden apoyar a la colonia de bacterias buenas que vive de manera natural dentro de nuestro tracto digestivo. Este ejército de bacterias ayuda con casi todo lo que involucra a la digestión. También ayuda a regular ciertos aspectos de la respuesta inmune. Prefiera siempre yogur probiótico con cultivos vivos de buena calidad.

GRANOS

ARROZ INTEGRAL

Estreñimiento
Como cualquier alimento rico en fibra, el arroz integral ayuda a dar volumen a las heces, para que así pasen con más facilidad por el tracto digestivo.

Diabetes
El arroz integral es un grano de bajo IG (índice glucémico), lo que

significa que libera su energía muy lentamente. Esto ayuda a mantener estables los niveles de azúcar en sangre. Incorpore una proteína magra al arroz y tendrá una comida de liberación lenta que es la clave para el autocontrol de la diabetes.

Colesterol alto
Es en gran parte el contenido de fibra lo que hace útil al arroz integral en este sentido. Ayuda a mover al colesterol fuera del tracto digestivo, reduciendo la cantidad que se absorbe en la corriente sanguínea. Hay un componente en el arroz integral conocido como gamma-oryzanol, al que también se vincula con la reducción de colesterol malo (LDL).

AVENA

Corazón y circulación
La avena contiene una fibra soluble llamada beta-glucano. Se ha comprobado clínicamente que esta reduce el colesterol en el tracto digestivo. Esto lo hace al enlazar el colesterol que se liberó del hígado. Una vez enlazado, lo saca del cuerpo llevándolo por el intestino antes de que pueda absorberse en nuestra corriente sanguínea.

Estreñimiento
El alto contenido de fibra de la avena es una opción obvia para aliviar el estreñimiento. La fibra atrae agua y comienza a hincharse, lo que hace que los contenidos del intestino sean más grandes y voluminosos. Esto ayuda a estimular los receptores de estiramiento en las paredes intestinales, que causan que se contraigan en el proceso conocido como peristalsis, ayudando a pasar

los contenidos por el intestino más eficientemente.

Estrés

La avena es muy rica en vitaminas B, esenciales para apoyar al cuerpo durante momentos de estrés; apoyan la función de la glándula adrenal y actividades del sistema nervioso, y son esenciales para la producción de energía a nivel celular. Durante momentos de estrés, estas vitaminas se agotan rápido, lo que en poco tiempo puede dejarnos con sensación de cansancio.

GARBANZOS

Salud del sistema reproductivo

Los garbanzos están llenos del grupo de compuestos llamados isoflavonas, que son muy parecidos en estructura química al estrógeno, y por lo tanto son una valiosa adición alimenticia cuando se lidia con situaciones como periodos menstruales problemáticos y menopausia.

Salud de la piel

Los garbanzos, como todas las legumbres, están repletos del mineral zinc, que lucha contra imperfecciones de la piel.

LENTEJAS ROJAS

Colesterol alto

Las lentejas rojas contienen un alto porcentaje de fibra soluble. Esto no solo es útil para la digestión, sino que además ayuda a eliminar el colesterol del intestino, y por lo tanto reduce la cantidad que se absorbe en la corriente sanguínea por el tracto digestivo.

Estreñimiento

El alto contenido en fibra también ayuda a mantener todo en correcto movimiento a través del tracto digestivo.

QUÍNOA

Diabetes y estabilidad de azúcar en sangre

La quínoa, un grano de origen sudamericano, es una proteína completa y contiene todos los aminoácidos esenciales que necesitamos para producir nuestras propias proteínas. A diferencia de muchos granos, la quínoa es baja en carbohidratos y de IG muy bajo. Esto significa que liberará su energía lentamente, y no causará picos en el azúcar en sangre, lo que le convierte en una alternativa perfecta al arroz para cualquiera que busque estabilizar eficazmente sus niveles de azúcar en sangre.

TRIGO BULGUR

Estrés

El trigo bulgur es muy rico en vitaminas B. A menudo tenemos deficiencia de estos nutrientes vitales en las dietas occidentales, en particular porque se usan rápidamente durante la respuesta al estrés. Regulan muchas funciones del sistema nervioso y glándulas adrenales. También son vitales para la liberación de la energía de los alimentos, que es una de las razones por las que el estrés nos deja sintiéndonos tan agotados. Las vitaminas B también parecen ofrecer un efecto muy calmante. Esto es anecdótico, pero se nota comúnmente.

Colesterol alto y salud del sistema digestivo

El contenido de fibra en el trigo bulgur lo hace un ingrediente ideal para la salud digestiva y cardiaca, pues los alimentos altos en fibra ayudarán a retirar el colesterol del tracto digestivo antes de que lo pueda absorber.

NUECES Y SEMILLAS

COCO

Resfriados y gripe

El aceite de coco ha incomodado un poco a la gente en años recientes debido a su alto contenido en grasas saturadas. A mi parecer, eso es injustificado, puesto que estas grasas pueden ser muy benéficas. Este aceite es verdaderamente una de las mejores opciones para cocinar, y sus grasas no se descompondrán en grasas trans a altas temperaturas. Una de las principales grasas del aceite de coco es una sustancia llamada ácido láurico, que presenta algunas propiedades antivirales interesantes. De hecho, bloquea el paso a los virus para evitar que entren a nuestras células y se multipliquen.

NUECES DE BRASIL

Alergias e inflamación

Las nueces de Brasil a veces se consideran poco sanas debido a su contenido graso, pero es un gran error: son muy ricas en selenio, mineral que tiene muchas funciones en el cuerpo, incluida la regulación de la respuesta inflamatoria y algunos aspectos de la respuesta alérgica. El selenio aumenta la producción de algunos de los propios antioxidantes internos del cuerpo.

NUEZ DE CASTILLA

Corazón y circulación

Las nueces son estupendas para la

salud cardiaca por dos razones. Para empezar, son ricas en vitamina E, que es un adelgazador natural de la sangre. Comer alimentos ricos en vitamina E puede proteger contra embolias y paros cardiacos. También son ricas en omega 3, que tiene una acción adicional de adelgazar la sangre, además ayudan a mejorar el equilibrio entre el colesterol malo (LDL) y el bueno (HDL).

PEPITAS DE CALABAZA

Colesterol alto
Las pepitas de calabaza son muy ricas en un compuesto llamado beta-sitosterol, el cual se agrega a las bebidas utilizadas para bajar el colesterol que vemos anunciadas con tanta frecuencia. Funciona al bloquear la absorción del colesterol por medio del intestino, y se han hecho numerosas investigaciones clínicas al respecto.

Padecimientos micóticos
Las pepitas de calabaza contienen cucurbitina, la cual ha mostrado tener cierta actividad antimicótica interesante. Se cree que es útil para los parásitos intestinales como la *Candida*. Aunque soy escéptico respecto al exceso de atención que el mundo de la salud natural le da a la candidiasis, esta llega a ser un problema, y este compuesto bien podría ser una opción.

Acné
Las pepitas de calabaza son muy altas en zinc, que ayuda a regular las glándulas sebáceas. Esto puede ayudar incluso a la piel grasa propensa al acné.

SEMILLAS DE LINAZA

Antiinflamatorias
Gracias a los muy elevados niveles de ácidos grasos omega 3, las semillas de linaza pueden ofrecer actividades antiinflamatorias impresionantes. Esto es porque ayudan a aumentar la producción de los compuestos antiinflamatorios propios del cuerpo, e inhiben la producción de compuestos proinflamatorios.

BÁSICOS Y CONDIMENTOS

ACEITE DE OLIVA

Corazón y circulación
Se ha hablado del aceite de oliva como un aceite saludable durante siglos y en muchas culturas. La investigación moderna ha confirmado algunas propiedades bastante benéficas en este aceite tan utilizado. El aceite de oliva tiene niveles muy altos de un ácido graso omega 9 llamado ácido oleico, el cual muchas investigaciones han comprobado que baja los niveles totales de colesterol (LDLD) y mejora la proporción entre el colesterol bueno (LDL) y el malo (HDL). También contiene algunos antioxidantes únicos llamados polifenoles, que ayudan a reducir la agregación de plaquetas (básicamente, reducir la coagulación).

Asma, artritis y eczema
Siempre recomiendo que cualquiera que tenga afecciones inflamatorias solo use aceite de oliva para cocinar. El exceso en el consumo de los ácidos grasos omega 6 es un gran problema en el mundo occidental, en particular en los aceites vegetales tan empleados hoy en día. En nuestra búsqueda por reducir los niveles de grasa saturada, muchos recurrimos a los aceites vegetales no saturados, y la mayoría de estos son casi puro omega 6.

Ahora, el omega 6 es un ácido graso vital, pero si lo consumimos demasiado (y la mayoría lo hacemos), puede desencadenar una inflamación de bajo grado en los tejidos, que a su vez puede causar daños a largo plazo. También puede empeorar padecimientos inflamatorios como la artritis. Reducir el omega 6 junto con un aumento en la ingesta de omega 3, puede tener un poderoso efecto sobre los problemas inflamatorios, y alcanzar un equilibrio entre ambos es vital. El aceite de oliva contiene principalmente ácidos grasos omega 9, así que utilizarlo en los alimentos nos ayuda a controlar la cantidad de omega 6 que consumimos.

AJO

Corazón y circulación
El ajo ostenta actividades químicas seriamente potentes. Contiene un poderoso compuesto llamado ajoeno que interactúa con algo llamado factor de agregación plaquetaria, una función del cuerpo que regula el grado y fluidez en que coagula la sangre. Algunos cirujanos y dentistas incluso advierten a los pacientes que no coman ajo un par de días antes de cirugía porque llega a darse el caso de aumentar su sangrado. Sin embargo, en el día a día puede ofrecer protección contra la coagulación, lo que ayuda a prevenir apoplejías y paros cardiacos.

Resfriados y gripe
El ajo contiene un grupo de aceites esenciales poderosos; estos son los

que te hacen oler como el interior del bolsillo de Buffy la Cazavampiros cuando lo comes demasiado. Estos aceites solo pueden eliminarse del cuerpo por medio del aliento, en vez de las rutas típicas de eliminación por medio de intestinos y orina. Mientras los sacamos al respirar, pasan por el tracto respiratorio y pueden matar los microbios y virus, como los que hacen que pesquemos gripes y resfriados.

Antiinflamatorio
El ajo crudo es en realidad un antiinflamatorio razonablemente efectivo debido al compuesto llamado dialil disulfida. Sin embargo, este compuesto se descompone drásticamente al cocinarlo.

ALBAHACA

Salud del sistema digestivo
La albahaca tiene una química bastante compleja, y los aceites volátiles que proporciona su sabor distintivo relajan las paredes musculares del intestino delgado, y por lo tanto pueden calmar los malestares digestivos e hinchazón.

CACAO

La palabra *cocoa* es en realidad una corrupción de la palabra *cacao*, el nombre botánico del grano con la que se hace el chocolate. Este poderoso alimento es, lo crea o no, uno de los más ricos en nutrientes del planeta. El polvo de cacao crudo es muy distinto al típico cacao en polvo del supermercado. En su estado crudo y sin procesar, tiene más de 1,500 compuestos benéficos. Una vez procesado (por ejemplo, cacao en polvo común y corriente), ¡solo permanecen cinco, el principal, la cafeína!

Corazón y circulación
El cacao está repleto de un grupo de compuestos llamados flavonoides; estos han sido investigados ampliamente, y son conocidos por hacer que las células que recubren nuestros vasos sanguíneos suelten altos niveles de un compuesto denominado óxido nítrico, el cual hace que se relajen los músculos en las paredes de los vasos sanguíneos. Al ocurrir esto, los vasos sanguíneos se ensanchan, lo que baja la presión interna. El cacao es muy alto en magnesio, mineral que también fomenta la relajación del músculo liso en las paredes de los vasos.

Salud mental y sistema neurológico
El cacao crudo es muy rico en dos potentes compuestos que tienen un efecto interesante sobre la mente y el ánimo. El primero se llama anandamida, y también se produce de manera natural en nuestro cerebro. Potencia la motivación y el placer, y se dice que da sensaciones de dicha.

El segundo, la feniletilamina (FEA), es un poderoso elevador de ánimo. También está presente en el chocolate ordinario, pero en mucho menores concentraciones que en el cacao crudo. Una enzima lo descompone rápidamente antes de tener oportunidad de llegar al cerebro. Sin embargo, la alta concentración de FEA en el cacao crudo permite que una pequeña cantidad logre pasar, y tiene efectos neurológicos, aunque leves.

Refuerzo natural de energía
El cacao contiene un compuesto estimulante llamado teobromina, un primo cercano de la cafeína. Es un estimulante, pero parece que su

efecto posterior de agotamiento es menor que el de la cafeína. Aún así, evitaría el exceso en su consumo.

CANELA

Salud del metabolismo y niveles de azúcar en sangre
Recientemente ha salido a la luz evidencia que sugiere que la canela podría jugar un papel en el equilibrio del azúcar en sangre, lo que podría ayudar en muchas situaciones. Se cree que los compuestos en la canela en verdad pueden volver más receptivas las células a la insulina, la hormona que les dice que absorban azúcar para usarla como energía.

CARDAMOMO

Hinchazón y flatulencia
Como muchas especias aromáticas, el cardamomo puede ser una bendición si se siente inflamado y flatulento. Los aceites esenciales que originan su divino sabor aromático también ayudan a reducir el gas y a regular la peristalsis, las contracciones rítmicas naturales del intestino. Esto puede ofrecer alivio a los síntomas de dificultades digestivas al asegurarse de que todo esté moviéndose como debe de ser.

CHILES

Presión arterial alta y circulación
Los chiles contienen un poderoso fitoquímico llamado capsaicina, que es lo que les da su intenso sabor picante. La capsaicina hace que las células que recubren el interior de nuestros vasos sanguíneos secreten un químico llamado óxido nítrico, producido naturalmente por esas células (el chile solo les da un empujón en la dirección correcta.) El óxido nítrico después les dice a

los músculos de las paredes de los vasos sanguíneos que se relajen, así el vaso se ensancha.

Esto tiene dos beneficios: en primer lugar, cuanto más ancho el vaso sanguíneo, menor la presión que tiene dentro; y en segundo lugar, mejora la circulación a las extremidades.

Reducción del dolor
La capsaicina en el chile también tiene efectos analgésicos. En primer lugar, el picor del chile estimula la liberación de nuestras propias endorfinas naturales, que puede bajar hasta cierto grado nuestra percepción del dolor. En segundo lugar, puede reducir los niveles de algo llamado sustancia P, un químico liberado por los nervios que transmite señales de dolor.

CILANTRO

Salud del sistema digestivo
El cilantro a menudo se utiliza como un carminativo, lo que significa que puede ayudar con varios problemas digestivos, desde inflamación y gas hasta náuseas.

CÚRCUMA

Antiinflamatoria
La cúrcuma es uno de los reyes de los alimentos medicinales. Los químicos que le proporcionan su color naranja brillante y vívido son un grupo de compuestos llamados curcuminoides. Estos se han estudiado durante décadas y se sabe que reducen la inflamación al bloquear una enzima involucrada en activar el proceso inflamatorio. La cúrcuma es definitivamente muy poderosa, incluso algunos estudios han comparado la efectividad de extractos de cúrcuma con ciertos medicamentos farmacéuticos.

Salud del hígado
Los curcuminoides de la cúrcuma también han logrado ayudar a proteger el hígado. Estudios demostraron que pueden reducir la inflamación y el daño a los hepatocitos, las células hepáticas, causados por irritantes químicos como el alcohol y los contaminantes.

Corazón y circulación
Se cree que los compuestos de la cúrcuma también generan actividad anticoagulante. Esto significa que pueden regular el índice y grado en que se coagula la sangre, lo que podría ofrecer cierto nivel de protección contra los paros cardiacos e infartos.

JENGIBRE

Antiinflamatorio
Uno de los verdaderos monarcas del reino de los alimentos, el jengibre es uno de los antiinflamatorios más poderosos que existen. Muchos estudios han certificado que los aceites esenciales fuertes y especiados que le dan su picante sabor, interrumpen ciertos aspectos de la reacción química que ocurre cuando se desata la inflamación.

Náusea
El jengibre tiene una larga reputación como un remedio útil para el tratamiento de la náusea ligera, desde los mareos matutinos en el embarazo hasta el mareo al viajar. No es claro cómo lo hace, pero muchas personas creen que funciona al estimular la producción de jugos digestivos.

MENTA

Hinchazón y flatulencia
Los aceites esenciales de la menta, como el mentol, ayudan a relajar la pared del tracto digestivo, y también a descomponer y disipar el gas. Cuando me siento un poco inflamado, recurro siempre a la menta; es realmente un remedio muy veloz.

MIEL

La miel es mejor opción para endulzar que el azúcar procesado (en otras palabras, la cosa granulada que pone en su té), pues libera su energía un poco más lentamente, y también contiene una buena cantidad de nutrientes junto con sus calorías. Dicho eso, sigo siendo un fuerte defensor de la reducción en el consumo de azúcares, naturales o no. La miel, algunas variedades más que otras, tiene propiedades antioxidantes y antiinflamatorias.

Salud del sistema inmune
La miel se reconoce como un compuesto bacteriostático, lo que significa que detiene el crecimiento bacteriano. Cuando se aplica tópicamente (en la superficie), la densa concentración de azúcar en la miel crea un ambiente que detiene la reproducción y actividad de las bacterias. Por eso las vendas de miel se utilizan todavía en algunos hospitales para reducir la infección en llagas por presión y úlceras venosas. La miel también contiene una variedad de compuestos como resinas, polifenoles, ácidos cafeicos y otros que ofrecen cierto grado de actividades antivirales y propicias para la inmunidad.

PEREJIL

Salud del sistema urinario y riñones
Además de ser muy alto en vitamina C, el perejil puede ser útil en padecimientos como la retención de fluidos, infecciones

de las vías urinarias como la cistitis, e incluso para darle a los riñones un poco de apoyo después de una noche de juerga. Contiene un aceite esencial muy poderoso que funciona como un irritante ligero para la nefrona (el sistema de filtración del riñón), e incrementa el índice de movimiento de fluidos a lo largo de este filtro, aumentando por lo tanto la eliminación urinaria.

PIMIENTA ENTERA

Salud del sistema digestivo
Se cree que la pimienta negra es un buen remedio para el estreñimiento, pues funciona como un estimulante ligero de la peristalsis, las contracciones rítmicas en el intestino que mantienen a todo en movimiento. En la medicina ayurvédica, la pimienta también se utiliza para estimular el apetito.

RÁBANO PICANTE (*HORSERADISH*)

Asma y tos
Se cree que el rábano picante es un broncodilatador, lo que significa que ayuda a mantener abiertas las vías aéreas, y con esto ayudar mucho a aliviar síntomas leves del asma (eso sí, absolutamente jamás en lugar del medicamento), así como toses que provocan dolor de pecho.

Infecciones respiratorias
Los compuestos picantes de este rábano también funcionan como un irritante leve para las vías respiratorias superiores, lo que hace que las membranas mucosas secreten un moco más delgado que ayuda a aflojar las mucosidades más espesas que pueden generarse debido a una infección.

ROMERO

Antiinflamatorio
El romero contiene un poderosísimo compuesto antiinflamatorio (aunque en cantidades pequeñas) llamado ácido rosmarínico, que bloquea ciertos compuestos que estimulan la respuesta inflamatoria.

Presión arterial alta y circulación
Se cree que los aceites esenciales del romero son vasodilatadores, lo que significa que ayudan a ensanchar los vasos sanguíneos. A medida que se ensancha el vaso, la presión interior se reduce.

Otro beneficio es que fomenta la circulación hasta las extremidades. Por esto algunas prácticas medicinales tradicionales utilizan el romero para tratar los dedos fríos de manos y pies, la enfermedad de Raynaud e incluso mejorar la memoria (aunque aún no se ha dicho la última palabra).

SALVIA

Hinchazón y gas
Los aceites de la salvia, que le dan su sabor penetrante, son carminativos muy poderosos. Esto significa que ayudan a disipar el gas y las flatulencias, ayudando a aliviar el malestar digestivo.

SEMILLA DE ANÍS

Hinchazón
Los dulces de anís han servido tradicionalmente como digestivos. El aceite esencial anetol, que crea su aroma tan familiar, puede funcionar como relajante muscular, ayudando a relajar las paredes del tracto digestivo y regular los movimientos del intestino. Los herbolarios describen al aceite de semilla de

anís como un carminativo, lo que significa que puede ayudar a disipar el gas.

Tos
También se cree que el anetol es un broncodilatador, lo que significa que abre las vías aéreas en los pulmones. Esto puede ofrecer algo de alivio para las toces secas e irritantes.

TÉ LIMÓN

Presión arterial alta y circulación
Se cree que los aceites que le dan su sabor distintivo al té limón relajan las paredes musculares de los vasos sanguíneos. Esto ensancha un poco más los vasos y mejora la circulación a las extremidades.

TOMILLO

Salud del sistema neurológico
Se ha demostrado que un compuesto del tomillo aumenta la cantidad de DHA, un ácido graso esencial y vital, en el tejido nervioso. Esta grasa es un componente estructural básico de estos tejidos, y los niveles bajos pueden ser nocivos para el funcionamiento normal de cada célula nerviosa.

Infecciones bacterianas
El tomillo siempre ha sido mi primera parada obligada para las infecciones de las vías respiratorias superiores. Se ha identificado que la compleja química que le da al tomillo su poderoso sabor y aroma, incluido el aceite esencial timol, tiene una actividad antibacteriana potente, y por ende su uso tradicional en malestares como las infecciones de garganta.

RECETAS

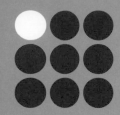

Desayuno y almuerzo

Es cierto lo que dicen: el desayuno es la comida más importante del día, sin duda. Pero el desayuno es también el momento en que más propensos estamos a consumir cualquier tipo de chatarra, así que es vital estar preparados y tener disponibles muchas opciones de buena calidad.

Es posible que no tenga mucha hambre a primera hora, y podría tomarle un rato para que su apetito entre en marcha. Sin embargo, sigue siendo una buena idea comer un poco de fruta temprano por la mañana, para subir los niveles de azúcar en sangre y despertar al metabolismo de su sueño. Estos platillos son perfectos a primera hora, y también son igual de buenos como alimento a media mañana. Es fácil duplicar las cantidades, para servir 2 o 4.

Revuelto de espinaca y feta

Esta es una hermosa manera de empezar el día, y contiene tres de mis ingredientes favoritos de un solo golpe. Es denso en nutrientes, y garantiza mantenerle con energía hasta la hora de la comida.

1 PORCIÓN
½ cucharada de aceite de oliva
2 manojos de espinaca *baby*
2 huevos grandes de rancho
100 g de queso feta, cortado en cubos
1 manojo pequeño de cebollín fresco, picado fino
sal marina y pimienta negra

Caliente el aceite de oliva en un sartén a fuego medio, agregue la espinaca y cocine de 3 a 4 minutos, o hasta que se suavice.

Quiebre los huevos en un recipiente, salpimiente y bátalos juntos. Vierta en el sartén con la espinaca y agregue el queso feta en cubos. Remueva suavemente a fuego medio-bajo, hasta que estén revueltos los huevos. Espolvoree con el cebollín picado y sirva de inmediato.

Barras de desayuno para despegar

Estas barritas son una estupenda solución cuando solo necesita agarrar algo y salir corriendo, o si no se siente listo para algo pesado temprano por la mañana. Son de índice glucémico bajo y están repletas de carbohidratos, proteínas y grasas *buenas* vitales. ¡Garantizan un lanzamiento eficaz a su día! Las bayas de *goji* están disponibles en tiendas naturistas y gourmet.

6 A 8 BARRAS

aceite de oliva ligero, para engrasar
2 cucharadas de miel, y un poco más para rociar
4 cucharadas de aceite de coco
3 cucharadas de crema de cacahuate (una de buena calidad, sin azúcar ni sal)
280 g de avena
3 cucharadas de semillas de linaza molida
1 cucharada de semillas de calabaza
1 cucharada de bayas de *goji*
2 cucharadas de dátiles picados
1 cucharada de higos picados

Precaliente el horno a 180° C y engrase ligeramente una charola para hornear de 23 cm.

Derrita la miel, aceite de coco y crema de cacahuate juntos en una olla a fuego muy lento. Retire del fuego, agregue los demás ingredientes (reserve unas cuantas semillas y dátiles para espolvorear encima), y remueva bien para formar una mezcla manejable (un poco pegajosa). Presione con firmeza la mezcla en su molde preparado. Espolvoree con pepitas y dátiles.

Hornee de 10 a 15 minutos o hasta que esté bien dorado. Deje enfriar por completo antes de cortar en barras. Guarde en un recipiente hermético. Se conservarán hasta por una semana. Sirva rociadas de un poco de miel, si así lo desea.

Crunch de capas probióticas

Este es un desayuno lindo y sencillo que le permite ponerle una palomita a todas las casillas correctas para empezar bien su día: carbohidratos complejos, vitaminas y minerales, IG bajo... ¡y además se ve muy bonito! Las cantidades son variables según el tamaño del vaso que vaya a utilizar para servir. Lo puede hacer tan grande o tan pequeño como desee.

1 A 100 PORCIONES

Moras frescas (moras azules, fresas picadas, zarzamoras, o lo que se le antoje)
Hojuelas de avena
Pepitas de calabaza
Yogur probiótico de cultivos vivos
Canela molida, para espolvorear (opcional)
Miel, para rociar (opcional)

Encuentre un vaso de buen tamaño.

Comience con una capa delgada de moras frescas. Cubra esto con una capa delgada de hojuelas de avena, después una capa delgada de pepitas de calabaza, y finalmente una capa de yogur. Repita este proceso todas las veces necesarias hasta llenar el recipiente de su elección. Puede agregar una pizca de canela y un chorrito de miel al final para ponerle otro toque al asunto.

PIEL
SALUD MENTAL Y SISTEMA NERVIOSO *Depresión*
SISTEMA DIGESTIVO *Hinchazón de estómago*
SISTEMAS REPRODUCTIVO Y URINARIO *Síndrome de ovario poliquístico*

Frittata mediterránea a las finas hierbas

Este es un plato excelente para esas mañanas en que se despierta tan hambriento que podría comerse todo lo que tiene a la vista. Excelente sabor y gran nutrición.

1 A 2 PORCIONES
aceite de oliva
6 jitomates *cherry*
¼ de cebolla morada, rebanada fino
1 diente de ajo, picado fino
5 a 6 aceitunas, sin hueso
3 huevos grandes de rancho
1 puñado pequeño de perejil fresco, picado fino
1 puñado pequeño de albahaca fresca, picada fino
1 puñado pequeño de menta fresca, picada fino
sal marina y pimienta negra

Precaliente la parrilla a temperatura media. Caliente un chorrito de aceite de oliva en un sartén para omelette pequeño a fuego medio. Agregue los jitomates cherry, cebolla y ajo al sartén, sazone con sal y cocine hasta que se suavice la cebolla. En esta etapa, agregue las aceitunas.

Bata los huevos en un recipiente pequeño, salpimiente y agregue las hierbas picadas, mezclando. Vierta los huevos en el sartén.

Mantenga el sartén a fuego medio-alto constante de 3 a 4 minutos, lo suficiente para cocinar la parte inferior de la frittata. En este momento, coloque el sartén bajo la parrilla precalentada para que se cocine la parte de arriba de la *frittata*. Para revisar si se cocinó, inserte un cuchillo. Si ve mucho huevo líquido, cocínelo 1 o 2 minutos más. Reserve 1 minuto antes de servir.

Huevos florentinos fáciles

Este es un desayuno o almuerzo simple pero sabroso. Es fresco, vibrante y sorprendentemente sustancioso. Deje fuera la salsa holandesa si quiere ser virtuoso, ¡pero todos merecemos consentirnos el fin de semana ocasional! Es fácil duplicar la receta para dos personas.

1 PORCIÓN

aceite de oliva
1 puñado grande de hojas de espinaca *baby*
1 cucharadita de vinagre de vino
3 huevos grandes de rancho
75 g de mantequilla
¼ de limón amarillo, jugo
1 ramito de eneldo fresco, picado
1 rebanada de pan de centeno o multigrano de grano entero
sal marina y pimienta negra

Caliente un poco de aceite de oliva en un sartén a fuego medio, agregue la espinaca y cocine de 3 a 4 minutos, o hasta que se suavice. Salpimiente.

Lleve una olla pequeña de agua a un hervor lento, baje el fuego para que el agua esté apenas burbujeando y agregue el vinagre. Quiebre 2 huevos, uno a la vez, en una taza, después deslícelos lentamente en el agua. Escalfe de 3 a 4 minutos.

Mientras tanto, prepare la salsa holandesa derritiendo la mantequilla en una olla pequeña. Coloque una yema de huevo y el jugo de limón en un procesador de alimentos y licue hasta que esté uniforme. Agregue la mantequilla derretida caliente, licuando todavía, para preparar una salsa espesa. Salpimiente y agregue un poco de eneldo picado.

Tueste el pan y escurra la espinaca en un colador. Agregue el eneldo fresco sobrante y coloque la espinaca en el pan. Retire los huevos con una cuchara de rendijas y colóquelos sobre la espinaca. Vierta la salsa holandesa encima y sirva.

Espinaca, jitomate y hongos *shiitake* sobre pan tostado

Esto es estupendo cuando se le antoja algo en verdad sabroso pero no tiene ganas de trabajar arduamente en la cocina por horas.

1 PORCIÓN
aceite de oliva
1 diente de ajo grande, picado
fino
6 a 7 hongos *shiitake*,
rebanados
4 a 5 jitomates *cherry*, cortados
a la mitad
1 puñado de espinaca *baby*
1 rebanada de pan multigrano
de grano entero
sal marina y pimienta negra

Caliente un poco de aceite de oliva a fuego medio en un sartén grande, agregue el ajo y cocine suavemente durante unos minutos, hasta que se ablande.

Agregue los hongos *shiitake* y cocine, removiendo, durante 2 minutos, después añada los jitomates y salpimiente. Cocine de 4 a 5 minutos o hasta que los hongos se suavicen. Agregue la espinaca y cocine durante 1 minuto o 2 más, hasta que esté suave.

Mientras tanto, tueste el pan. Coloque la mezcla de hongos encima y sirva de inmediato.

PIEL *Acné*
ARTICULACIONES Y HUESOS *Artritis*
SISTEMA METABÓLICO *Diabetes (tipo 2)*
SALUD MENTAL Y SISTEMA NERVIOSO *Migraña*
CORAZÓN Y CIRCULACIÓN *Presión arterial alta, Colesterol alto*
SISTEMA DIGESTIVO *Enfermedad de Crohn*

Bastoncitos de espárragos y salmón ahumado para el huevo Este platillo tiene algo ligeramente suntuoso y decadente, y es maravilloso para muchos sistemas del cuerpo. Es un hermoso aperitivo, o incluso un bocadillo entre comidas.

1 PORCIÓN
75 g de espárragos, limpios
1 huevo grande de rancho
50 g de salmón ahumado

Lleve al hervor un cacito con agua, después baje el fuego para que hierva suavemente. Eche los espárragos en el agua de 4 a 5 minutos, apenas lo justo para que se vuelvan de un verde brillante y vívido. Retire, escurra y deje secar sobre papel de cocina.

Coloque el huevo en agua hirviendo y deje hervir durante 6 minutos para obtener un huevo tibio (clara dura, yema suave). Para un huevo duro con yema dura, cocine durante 10 minutos.

Mientras se cocina el huevo, corte el salmón ahumado en tiras de unos 2 x 6 cm, y envuélvalas alrededor del centro de los espárragos.

Retire el huevo del agua y coloque en una huevera. Quite la parte de arriba del huevo para que se vea la yema líquida, lista para remojar los bastones.

ARTICULACIONES Y HUESOS *Artritis, Bursitis*
SISTEMA METABÓLICO *Diabetes (tipo 2)*
SALUD MENTAL Y SISTEMA NERVIOSO *Depresión*
CORAZÓN Y CIRCULACIÓN *Cardiopatías, Colesterol alto*
SISTEMA DIGESTIVO *Hemorroides*
SISTEMAS REPRODUCTIVO Y URINARIO *Menopausia, Síndrome de ovario poliquístico*

Kedgeree para arrancar La primera vez que probé el *kedgeree* (kitchiri) fue de niño, y me enamoré de él en ese momento. Es muy sustancioso y repleto de nutrientes. ¡Garantiza mantenerlo en movimiento por horas!

1 PORCIÓN
aceite de oliva
½ cebolla morada pequeña, picada fino
½ pimiento rojo, picado en cubitos pequeños
1 cucharadita de polvo de curry
½ cucharadita de cúrcuma
1 chile rojo, triturado
75 g de arroz basmati integral
1 huevo grande de rancho
1 puñado de espinaca *baby*
1 filete de caballa (macarela) ahumado, desmenuzado en trozos pequeños
1 cucharada de yogur probiótico de cultivos vivos
sal marina y pimienta negra

Caliente un poco de aceite de oliva a fuego medio en un sartén grande, agregue la cebolla y chile rojo y cocine con gentileza hasta que se suavice, alrededor de 5 minutos.

Agregue el polvo de curry, cúrcuma, chile y arroz, y remueva durante unos minutos para que las especias se tuesten ligeramente. Añada suficiente agua para cubrir el arroz, salpimiente y deje burbujear, con la tapa puesta, a fuego medio-alto durante unos 20 minutos, o hasta que se haya suavizado el arroz. Quizás necesite volver a llenar de agua de vez en cuando mientras cocina.

Mientras tanto, cubra el huevo con agua en una olla pequeña, lleve a hervor y hierva durante 7 minutos. Escurra bajo agua fría y deje enfriar antes de pelar y cortar en cuartos a lo largo.

Justo antes de que se cocine el arroz, agregue la espinaca *baby*, mezclando, y cocine durante un par de minutos más para suavizar la espinaca. Cuando el arroz esté cocinado, mezcle con la caballa desmenuzada y yogur. Sirva con los huevos cortados en cuartos encima.

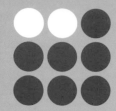

Sopas

La sopa es uno de los alimentos más buenos, cálidos y reconfortantes que existen, y una de las maneras más efectivas de incluir muchos ingredientes excelentes en su dieta. Las hierbas frescas y especias, verduras y condimentos como el ajo son todos elementos básicos y fuerza motriz en la sopa, dándole a usted la posibilidad de crear un platillo que proporciona muchos beneficios de salud, y en porciones muy pequeñas. Las sopas se congelan muy bien y son fáciles de transportar, así que son ideales para llevar al trabajo o en viajes largos para asegurarse de tener algún alimento ultranutritivo a la mano.

Si se siente un poco lleno e hinchado después de comer estas sopas, es un efecto temporal y significa que las bacterias buenas en sus intestinos están de fiesta. Su número está aumentando y la colonia se está fortaleciendo. Las dos son maravillosas para la digestión.

P A R
I M N
C D U

SISTEMA DIGESTIVO
Estreñimiento, Hinchazón

P A R
I M N
C D U

SISTEMA DIGESTIVO
Hinchazón

El dínamo digestivo

3 A 4 PORCIONES
aceite de oliva
1 cebolla blanca grande, picada fino
2 dientes de ajo, picados fino
285 g de alcachofas de Jersusalén, picadas grueso, sin pelar
2 chirivías, picadas grueso, sin pelar
500 ml de caldo de verduras (preparado con cubos o polvo)
3 a 4 cucharadas de yogur probiótico de cultivos vivos
sal marina y pimienta negra

Caliente un poco de aceite de oliva en una olla grande, agregue la cebolla y ajo y cocine de 4 a 5 minutos, o hasta que la cebolla esté suave y transparente.

Agregue las alcachofas de Jerusalén y chirivías y suficiente caldo de verduras para cubrirlas. Deje burbujear unos 15 minutos, o hasta que estén tiernas.

Salpimiente. Transfiera en tandas a una licuadora y licue hasta obtener una sopa suave y aterciopelada. Sirva con una cucharada de yogur y pimienta negra recién molida.

Sopa de apionabo e hinojo

3 A 4 PORCIONES
aceite de oliva
1 cebolla blanca grande, picada fino
1 diente de ajo, picado fino
2 hinojos grandes, picados grueso
½ apionabo grande, picado grueso, sin pelar
1 papa, cortada en cubos, sin pelar
500 ml de caldo de verduras (preparado con cubos o polvo)
1 cucharadita de semillas de hinojo (opcional)
sal marina y pimienta negra

Caliente un poco el aceite de oliva en una olla grande, agregue la cebolla y ajo y cocine de 4 a 5 minutos, o hasta que se haya suavizado la cebolla.

Agregue el hinojo, apionabo y papa, y suficiente caldo de verduras para cubrir. Deje burbujear hasta que la papa y apionabo se sientan blandos, unos 10 minutos.

Salpimiente. Transfiera en tandas a una licuadora, y licue hasta obtener una sopa aterciopelada. Espolvoree con semillas de hinojo, si las va a usar.

Famosa sopa contra la gripe

Esta maravilla de sopa de una sola olla es un centro de poder total cuando se trata de lidiar con resfriados y gripe. No se desconcierte por las bayas de *goji*; estos manjares dulces antes eran difíciles de encontrar y costaban su peso en oro, pero por fortuna ya pueden encontrarse a precio razonable en tiendas gourmet o naturistas.

4 PORCIONES

1 cebolla morada, picada fino
1 chile verde, picado fino
4 dientes de ajo, picados fino
1 trozo de 5 cm de jengibre fresco, picado fino
2 cucharadas de aceite de oliva
2 camotes medianos, picados, sin pelar
1 canastilla de hongos *shiitake*, rebanados
2 puñados de bayas de *goji*
caldo de verduras
sal y pimienta

Coloque la cebolla, chile, ajo y jengibre en una olla grande con el aceite de oliva. Cocine a fuego medio-alto durante unos 5 minutos, hasta que la cebolla esté suave.

Agregue los camotes y hongos al sartén junto con las bayas de *goji*. Mezcle bien, después añada suficiente caldo de verduras para cubrir todos los ingredientes. Deje hervir bien durante 10 o 15 minutos, hasta que la papa esté suave. Salpimiente.

Con cuidado pase la sopa en tandas a la licuadora, y licue hasta obtener una sopa suave y especiada de un color naranja vívido.

Sopa thai de pescado

Esta sopa divina tiene una hermosa vibra exótica, prepararla es pan comido, y además es ligera y repleta de nutrientes. ¿Puede haber algo mejor?

3 A 4 PORCIONES
1 tallo de té limón fresco
aceite de oliva ligero
½ cebolla morada, picada fino
1 diente de ajo, picado fino
1 trozo de 1 cm de jengibre fresco, pelado y picado fino
2 hojas de lima *kaffir*
1 lata de 400 ml de leche de coco
2 filetes de salmón, sin piel y cortados en cubos de 2 cm
180 g de langostinos cocinados (pueden sustituirse por camarones gigantes)
1 puñado de hojas de espinaca *baby*
100 g de chícharos chinos
½ limón, jugo
1 puñado de hojas de cilantro frescas, troceadas
1 chile rojo, en rebanadas delgadas (opcional)

Aplaste el tallo entero de té limón con algo pesado, como un rodillo, para que suelte sus aceites fragantes. Caliente un poco de aceite de oliva en una olla grande, agregue la cebolla, ajo, jengibre, hojas de lima *kaffir* y el tallo de té limón, cocine suavemente de 4 a 5 minutos, o hasta que se haya suavizado la cebolla.

Agregue la leche de coco y 150 ml de agua, y cocine a un hervor lento durante 15 minutos. Añada el salmón y siga hirviendo hasta que esté cocinado, unos 5 minutos.

Añada los langostinos, espinaca y chícharos chinos, y deje burbujear durante 2 minutos más. Exprima el jugo de limón y agréguelo con el cilantro troceado y el chile; retire el tallo de té limón y hojas de lima, y estará lista para servir. Es estupenda con una ensalada al lado, o quizás con *noodles*; puede añadir estos a la sopa junto con el salmón (revise los tiempos de cocinar en el paquete).

Sopa verde tranquilizante Es sopa. Es verde. ¡Eso, seguro! Esta sencilla sopa no solo tiene un color increíble; tiene además un sabor naturalmente dulce y una textura maravillosamente suave.

3 A 4 PORCIONES

aceite de oliva, para cocinar y rociar
1 cebolla blanca, picada fino
1 diente de ajo, picado fino
350 g de chícharos frescos o congelados
1 calabacita grande, picada grueso
1 papa grande, picada grueso, sin pelar
500 ml de caldo de verduras (preparado con cubos o polvo)
1 bolsa de 180 g de espinaca *baby*
1 manojo pequeño de hojas de menta fresca
sal marina y pimienta negra

Caliente un poco de aceite de oliva en una olla grande, agregue la cebolla y ajo y cocine de 4 a 5 minutos, o hasta que se suavice.

Agregue los chícharos, calabacita y papa, y suficiente caldo de verduras para cubrir todos los ingredientes. Hierva a fuego lento hasta que la papa esté suave, unos 10 o 15 minutos.

Añada la espinaca *baby*, un puñado a la vez, hasta que esté completamente blanqueada en la sopa caliente. Agregue las hojas de menta, y reserve unas cuantas.

Salpimiente. Transfiera en tandas a una licuadora y licue hasta obtener una sopa suave. Esparza las hojas de menta reservadas y rocíe con un poco de aceite de oliva para servir.

Sopa de jitomate y lentejas

Esta es una sopa maravillosamente sabrosa, completa, fresca y penetrante. Incluso puede preparar una versión más espesa para usar como *dip*.

3 A 4 PORCIONES
aceite de oliva
1 cebolla morada grande, picada fino
2 dientes de ajo, picados fino
2 cucharaditas de comino molido
700 g de jitomates *cherry*
200 g de lentejas rojas (o de las comunes)
1 litro de caldo de verduras (preparado con cubos o polvo)
1 manojo pequeño de perejil o cilantro fresco, picado grueso (opcional)
sal marina y pimienta negra

Caliente un poco de aceite de oliva en una olla grande, añada la cebolla, ajo y comino y cocine a fuego medio de 4 a 5 minutos, o hasta que todo esté ligeramente dorado.

Agregue los jitomates *cherry* y cocine a fuego alto, mezclando frecuentemente. Siga cocinando hasta que los jitomates empiecen a volverse una especie de pasta y todo parezca *ratatouille* espeso.

Agregue las lentejas y comience a agregar el caldo un poco a la vez, casi como si estuviera cocinando un *risotto*. Cada vez que el nivel de caldo baje, añada un poco más. Siga haciendo esto hasta que las lentejas estén blandas, de unos 15 a 20 minutos.

Una vez que las lentejas estén suaves, agregue suficiente caldo para cubrir la mezcla entera y condimente con sal y pimienta. Transfiera en tandas a una licuadora y procese para obtener una sopa suave. Espolvoree con perejil o cilantro, si los va a utilizar, y sirva de inmediato.

Sopa de lentejas rojas con calabaza de Castilla (*butternut*) y ajo asados

Su preparación toma un poco más de tiempo, pero vale mucho la pena por la verdadera fuerza de su sabor. Asar el ajo y la calabaza realza la intensa dulzura ahumada que permea el platillo.

4 PORCIONES

- 1 calabaza de Castilla grande, en cubos, sin pelar
- 4 dientes de ajo enteros, sin piel
- aceite de oliva
- 1 ½ cucharadita de hierbas secas mixtas
- ½ cebolla morada grande, picada fino
- 250 g de lentejas rojas (o de las comunes)
- 750 ml a 1 litro de caldo de verduras (preparado con cubos o polvo)
- 3 a 4 cucharadas de pesto verde (opcional)
- sal marina y pimienta negra

Precaliente el horno a 200° C. Coloque la calabaza en cubos y el ajo en una charola para hornear, rocíe con aceite de oliva y espolvoree con la sal, pimienta y hierbas secas. Mezcle bien y ase en el horno de 20 a 25 minutos, o hasta que la calabaza se esté dorando en los bordes y la piel esté crujiente. El ajo también habrá tomado un color dorado.

Caliente un poco de aceite de oliva en una olla, agregue la cebolla y cocine de 4 a 5 minutos, o hasta que se suavice. Añada la calabaza asada, ajo y lentejas. Agregue suficiente caldo de verduras para cubrir, deje hervir suavemente hasta que las lentejas estén cocidas.

Salpimiente. Pase en tandas a una licuadora y licue para obtener la sopa. Agregue un poco más de caldo si la sopa está demasiado espesa. Transfiera a cuencos para servir y rocíe con un remolino de pesto en cada plato, si lo va a utilizar. Es deliciosa servida con pan tostado cubierto de queso de cabra suave y fresco.

Gazpacho Esta hermosa sopa fría es un verdadero clásico de verano. Tiene una adorable vibra mediterránea y estalla de sabor, y como no está cocinada, es increíblemente rica en nutrientes.

2 A 4 PORCIONES

1 kg de jitomates muy maduros, picados grueso
½ cebolla morada pequeña, picada grueso
3 dientes de ajo, picados grueso
1 pepino, picado grueso
75 ml de aceite de oliva, y un poco más para rociar
1 cucharada de vinagre de vino tinto
sal marina y pimienta negra

Coloque los jitomates, cebolla, ajo y pepino en una licuadora, y licue a alta velocidad durante al menos 1 minuto, o hasta que esté totalmente licuada. Si gusta, puede separar un poco de la cebolla y pepino picados para usar como decoración al final.

Pase esta mezcla por un colador, empujándola por la malla con una cuchara de madera. Esto quitará la pulpa tosca y creará una mezcla hermosa y suave.

Coloque la mezcla colada de nuevo en la licuadora, y licue a la velocidad más baja. Agregue el aceite de oliva y vinagre de vino tinto lentamente, para formar una mezcla uniforme y bien combinada. Salpimiente.

Antes de servir, métalo al refrigerador y enfríe bien. Para servir, espolvoree con el pepino y cebolla picados que reservó, si los va a usar, y rocíele un poco de aceite de oliva.

Bocadillos ligeros

Hay ocasiones en que dan ganas de algo ligero para botanear; incluso puede ser que no tenga ganas de un almuerzo o cena completa, pero tenga suficiente antojo como para necesitar algo. A menudo, este es el momento en que buscamos comida chatarra, así que idee unos bocadillos ligeros perfectos para estas ocasiones.

Ensalada de edamame y garbanzo con limón, chile y cilantro

Esta es una ensalada maravillosa que puede servir para un almuerzo realmente sustancioso, o una estupenda guarnición.

2 PORCIONES

1 lata de 400 g de garbanzos, escurridos
20 g de frijoles edamame, descongelados si son precongelados
½ pepino, cortado en cubos
1 limón, jugo y ralladura
1 cucharadita de miel
1 cucharadita de salsa soya ligera
20 g de hojas de cilantro fresco, picado fino
1 chile rojo grande, rebanado

Combine los garbanzos escurridos y frijoles edamame en una ensaladera junto con el pepino en cubos.

Mezcle la ralladura y jugo de limón, miel y salsa soya para preparar el aderezo.

Agregue el cilantro picado y el aderezo, y mezcle bien. Cubra con el chile rojo rebanado, y sirva.

PIEL *Eczema, Psoriasis*
CORAZÓN Y CIRCULACIÓN *Cardiopatías, Presión arterial alta, Colesterol alto*
SISTEMAS REPRODUCTIVO Y URINARIO *Salud de la próstata*

Sándwich abierto de verduras asadas y guacamole   Este pequeño platillo ligero tiene un increíble golpe nutricional y muchísimo sabor.

1 PORCIÓN

½ pimiento rojo, cortado en trozos de 2 cm

1 cucharada de aceite de oliva extravirgen, y un poco más para rociar

½ cebolla morada, en rebanadas gruesas

1 aguacate grande y muy maduro

1 diente de ajo, picado fino

1 chile verde pequeño, picado fino

½ limón, jugo

2 rebanadas de pan multigrano de grano entero, tostado

sal marina y pimienta

Precaliente el horno a 200° C. Coloque los pimientos y cebolla picados en una charola pequeña para asar. Rocíe con aceite de oliva y salpimiente. Ase en el horno de 15 a 20 minutos, o hasta que las verduras estén suaves, y la cebolla comience a caramelizarse ligeramente en sus bordes.

Mientras tanto, prepare el guacamole sacando la pulpa del aguacate y poniéndola en la licuadora con el ajo y chile picados, 1 cucharada de aceite de oliva y jugo de limón, y salpimiente. Licue a toda velocidad para crear un suave y cremoso guacamole; si lo prefiere con más trozos, machaque los ingredientes juntos en un recipiente.

Coloque las rebanadas de pan tostado una junto a la otra en un plato, unte una porción generosa de guacamole en cada rebanada, y cubra con las verduras asadas. Sirva de inmediato.

Sándwich *decker* sencillo de centeno y huevo cremoso con arúgula

Esto es tan cremoso y satisfactorio, y sorprendentemente sustancioso para ser un platillo tan pequeño.

1 PORCIÓN
2 huevos de rancho duros (véase página 42), sin cáscara
1 cucharada de yogur probiótico de cultivos vivos
1 ramito de cebollín fresco, picado fino
1 rebanada de pan de centeno
1 pizca de paprika ahumada (opcional)
1 manojo pequeño de arúgula
sal marina y pimienta negra

Coloque los huevos duros en un recipiente pequeño y aplástelos con un tenedor para obtener un fino puré.

Añada el yogur y cebollín a los huevos, salpimiente, y mezcle bien para formar una crema untuosa de huevo.

Coloque una buena cucharada de la mezcla de huevos sobre una rebanada de pan de centeno, y cubra con un poco de paprika y arúgula. ¡Disfrute!

Estas son recetas como para complacer a multitudes. La combinación de aceitunas y alcachofas es valiente, estridente, y hará que hasta los enemigos acérrimos de la comida sana regresen por más. La menta y el feta también son otro maridaje divino, y siempre conjuran imágenes del Mediterráneo en mí. He utilizado habas de lata para ahorrar tiempo, pero si prefiere utilícelas frescas o congeladas.

SISTEMA DIGESTIVO
Hinchazón

PIEL
CORAZÓN Y CIRCULACIÓN
Colesterol alto
SISTEMA DIGESTIVO
Estreñimiento

Crostini de habas, menta y feta

2 PORCIONES
1 lata de 300 g de habas, escurridas
1 puñado pequeño de menta fresca
3 cucharadas de aceite de oliva extravirgen
75 g de queso feta
sal marina y pimienta

Coloque las habas, menta y aceite de oliva en un procesador de alimentos y licue a baja velocidad para crear un paté de textura gruesa. Saque del procesador y coloque en un plato para servir.

Desmorone el queso feta y mezcle suavemente para asegurarse que todavía queden pequeños grumos de este en el paté. Salpimiente.

Sirva la mezcla encima de rebanadas de pan tostado de su elección, como una hogaza *bloomer*, chapata, baguette o pan de masa fermentada.

Crostini de alcachofas asadas y aceitunas verdes

2 A 3 PORCIONES
1 lata de 340 g de aceitunas verdes sin hueso, escurridas, y un poco más para decorar (opcional)
1 frasco de 280 g de corazones de alcachofa asadas, escurridas
1 diente de ajo grande, picado grueso
3 anchoas de lata, escurridas y picadas grueso
3 cucharadas de aceite de oliva
sal marina y pimienta negra

Coloque los ingredientes en un procesador de alimentos y licue hasta obtener una pasta uniforme. Salpimiente.

Coloque una cucharada generosa en una rebanada de chapata, pan de granos tostado, pan de avena o cualquier otro que le guste. Si lo desea, decore con unas cuantas aceitunas más.

Santo *shiitake*

Eso es, ¡paté! Este es un platillo hermoso y rústico de sabor estupendo sobre pan de avena, usado como un relleno para sándwich o incluso como *dip* para palitos de apio crudo. Además contiene unos químicos activos seriamente poderosos.

3 A 4 PORCIONES

125 g de hongos *shiitake* crudos

100 g de semillas de girasol

1 diente de ajo

2 cucharaditas de salsa de soya baja en sal

Junte todos los ingredientes en un procesador de alimentos y licue hasta obtener un paté uniforme. Sirva sobre pan de avena o en un pan multigrano con semillas enteras.

Ensalada de nuez de Castilla y berros con queso azul

Me encanta esta combinación: los sabores audaces y texturas variadas lo vuelven un platillo interesante y encantador. El aderezo cremoso con tonos ligeros de pimienta es el maridaje perfecto para los berros y el penetrante queso azul.

2 PORCIONES

250 g de trigo bulgur
½ pepino, cortado en cubos
150 g de jitomates *cherry,* cortados a la mitad
100 g de nueces de Castilla
85 g de berros frescos
1 cucharada de salsa de rábano picante suave
3 cucharadas de aceite de oliva
125 g de queso azul, desmoronado
sal marina y pimienta negra

Coloque el trigo bulgur en una olla y cubra con agua recién hervida, después deje hervir a fuego medio durante 15 minutos, o hasta que esté suave. Escurra bien.

Coloque el trigo bulgur cocinado en una ensaladera. Agregue el pepino, jitomates, nueces y berros, y mezcle bien.

Mezcle el rábano picante con aceite de oliva para hacer un aderezo cremoso, y salpimiente.

Vierta el aderezo sobre el trigo bulgur y mezcle bien. Desmorone el queso azul encima y sirva.

Pizza griega sobre pita

Este es mi concepto de un bocadillo reconfortante perfecto. Me gusta bastante la pizza como tal, y este manjar tamaño mordida, le convierte en uno de mis sabores favoritos

1 PORCIÓN

1 puñado pequeño de hojas de espinaca *baby*

2 a 3 cucharaditas de puré de jitomate

1 pan de pita integral grande

½ diente de ajo, picado fino

1 ramito de hojas de menta fresca, troceadas grueso

4 a 5 jitomates *cherry*, cortados a la mitad si son grandes

50 g de queso feta

4 aceitunas negras, sin hueso

sal marina y pimienta negra

Comience por blanquear la espinaca. Colóquela en una olla con unas 2 cucharadas de agua recién hervida. Mantenga a fuego alto para que siga hirviendo. Cubra y cocine de 3 a 4 minutos; la espinaca se suavizará rápidamente. Retire del fuego, escurra cualquier líquido y deje enfriar durante unos momentos. Una vez que esté suficientemente fría para manipularla, exprima un poco para deshacerse de cualquier exceso de líquido.

Precaliente la parrilla a fuego medio-alto. Distribuya el puré de jitomate uniformemente sobre el pan de pita. Agregue el ajo picado, la espinaca, menta y jitomates *cherry*, después desmorone el feta encima de todo. Salpimiente y coloque las aceitunas encima.

Coloque bajo la parrilla [grill] caliente durante 5 minutos, o hasta que el queso empiece a tornarse dorado en los bordes. Sirva de inmediato.

PIEL *Acné*
ARTICULACIONES Y HUESOS *Osteoporosis*
SISTEMA RESPIRATORIO *Asma*
SISTEMA METABÓLICO *Diabetes (tipo 2)*
CORAZÓN Y CIRCULACIÓN *Presión arterial alta, Colesterol alto*
SISTEMAS REPRODUCTIVO Y URINARIO *Periodos problemáticos*

Ensalada *niçoise* de atún saludable para el corazón

Esta es una ensalada maravillosa y densa en nutrientes, llena de sabor y muy sustanciosa.

1 PORCIÓN

1 puñado de hojas de espinaca *baby* o de ensalada mixta

5 a 6 ejotes crudos, cortados fino a lo largo

2 jitomates grandes, cortados en gajos

1 huevo duro de rancho (véase página 42), cortado en cuartos

6 o 7 aceitunas negras, sin hueso

5 anchoas de lata, escurridas

aceite de oliva

1 filete de atún fresco, de unos 150g

Para el aderezo:

2 cucharadas de aceite de oliva extravirgen

1 cucharadita de vinagre balsámico

sal marina y pimienta negra

Acomode la espinaca, ejotes, gajos de jitomate, trozos de huevo duro y aceitunas en un plato. Distribuya encima las anchoas en un patrón circular.

Caliente una parrilla acanalada o sartén con un poco de aceite de oliva a fuego medio-alto. Agregue el filete de atún y cocine durante unos 3 minutos de cada lado, para que quede con un color ligeramente rosado en medio. No lo mueva de un lado a otro mientras lo cocina, excepto por voltearlo una única vez. Retire del fuego.

Combine los ingredientes para el aderezo y salpimiente. Rebane el atún en rebanadas de 5 mm de grosor, y acomódelas encima de la ensalada. Rocíe el aderezo encima y sirva.

Platillos pequeños, guarniciones... y a compartir

Cuando nos reunimos y queremos comida para compartir, a menudo buscamos chatarra. Pero esta es la oportunidad de apegarse a sus buenos hábitos alimenticios y preparar un plato impresionante para disfrutar con los amigos. Estas recetas se diseñaron para ser adecuadas como aperitivos o guarniciones, o como platillos que se pueden compartir, al estilo tapas o mezze.

SISTEMA INMUNE *Resfriados y gripe*
SALUD MENTAL Y SISTEMA NERVIOSO *Ansiedad, Estrés*
CORAZÓN Y CIRCULACIÓN *Cardiopatías, Presión arterial alta, Colesterol alto*
SISTEMA DIGESTIVO

Stir-fry satay de verduras de hoja verde

Este salteado es un dínamo total. Volví adicta a este a una reconocida locutora de radio de la BBC, ¡y ahora lo come varias veces a la semana! Cuando lo pruebe, creo que sabrá por qué.

1 A 2 PORCIONES

aceite de oliva

1 poro grande, rebanado en aros grandes

2 dientes de ajo, picados fino

1 chile verde o rojo pequeño, picado fino (si no le gusta picoso, deseche las semillas)

2 puñados de col rizada (*kale*), troceada

1 cucharada de salsa de soya oscura

2 cucharaditas de miel

2 cucharadas de crema de cacahuate de buena calidad (sin sal ni azúcar)

½ cucharadita de polvo chino de cinco especias

sal marina

Caliente un poco el aceite de oliva en una olla ancha y poco profunda o en un wok, y agregue el poro, ajo y chile. Cocine de 5 a 8 minutos a fuego medio, o hasta que el poro esté suave.

Agregue la col rizada y siga cocinando hasta que se haya ablandado ligeramente y tomado un color verde brillante.

Añada 2 chorritos de salsa de soya (casi una cucharada), la miel y la crema de cacahuate, y mezcle bien. Esparza el polvo chino de cinco especias encima y remueva de nuevo. De ser necesario condimente con sal, y sirva de inmediato. Es estupendo con arroz integral o filete de pescado blanco.

Los frijoles edamame hacen un *dip* con una chispa maravillosa, estupendo para acompañar prácticamente todo, desde *crudités* de verduras, pan de pita o totopos, ¡todo! Mi variación del humus de pimiento rojo también va bien con todo, pero sin asar los pimientos, lo que mantiene intactos los nutrientes.

PIEL *Acné, Eczema*
SISTEMA INMUNE
Resfriados y gripe
CORAZÓN Y CIRCULACIÓN
Colesterol alto

CORAZÓN Y CIRCULACIÓN
Colesterol alto
SISTEMAS REPRODUCTIVO Y URINARIO
Endometriosis, Menopausia, Periodos problemáticos

Dip de pimiento rojo y frijoles blancos (alubias)

2 A 4 PORCIONES
2 pimientos rojos, picados en cubitos
1 lata de 400 g de frijoles *cannellini* (alubias) escurridos
1 diente de ajo, picado fino
2 cucharadas de aceite de oliva extravirgen
sal marina y pimienta negra

Coloque todos los ingredientes, reservando una cucharada de los frijoles *cannellini*, en un procesador de alimentos. Salpimiente y proceda a preparar un *dip* espeso y suntuoso. Mezcle los frijoles reservados con el *dip* y sirva con pan de pita tostado y rebanado, palitos de apio o cualquier otro ingrediente adecuado.

Dip de edamame con chile y ajo

2 A 4 PORCIONES
200 g de frijoles de soya o edamame frescos o congelados, descongelados si son precongelados
1 diente de ajo, picado fino
1 chile verde, picado fino
1 a 2 cucharadas de aceite de oliva extravirgen
sal marina y pimienta negra

Coloque todos los ingredientes en un procesador de alimentos, salpimiente y licue hasta formar un *dip* homogéneo. Sirva con pan, galletas o vegetales de su elección.

PIEL *Eczema*
ARTICULACIONES Y HUESOS *Bursitis*
SISTEMA INMUNE *Resfriados y gripe*
CORAZÓN Y CIRCULACIÓN *Cardiopatías, Colesterol alto*
SISTEMA DIGESTIVO *Hemorroides*

Ensalada de poder púrpura

Esto logra exactamente lo que diría en la lata: ¡es púrpura y poderosa! Los compuestos que vuelven moradas a las plantas tienen muchas propiedades efectivas. Yo utilizo el aceite de semilla de linaza por su alto contenido de omega 3. Es fácil de encontrar en su tienda naturista local, y si prefiere puede cambiarlo por aceite de oliva.

2 PORCIONES
¼ de col morada, rallada fino
½ cebolla morada, rallada fino
1 betabel grande o 2 pequeños, crudos, rallados fino
2 cucharadas de aceite de semilla de linaza
1 cucharadita de miel
1 cucharadita de vinagre balsámico
½ diente de ajo, picado fino
1 cucharadita de semillas de ajonjolí tostadas
sal marina y pimienta negra

Mezcle la col morada, cebolla morada y betabel juntos en un tazón grande. Combine el aceite de semilla de linaza, miel y vinagre balsámico en un recipiente pequeño. Agregue el ajo. Mezcle bien y rocíe sobre las verduras ralladas.

Espolvoree encima las semillas de ajonjolí tostadas y sazone con sal y pimienta. Mezcle bien y sirva. Si gusta, puede preparar el aderezo con antelación y mezclarlo con las verduras justo antes de servir.

Dip dinamita
Este *dip* tiene un gusto maravilloso, con un buen golpe y sabor a pimienta. Estupendo para las papilas gustativas ¡y además refuerza la digestión!

2 A 4 PORCIONES
1 lata de 400 g de alubias, escurridas
1 puñado grande de berros
1 diente de ajo, picado fino
1 cucharada de aceite de oliva extravirgen
2 panes de pita grandes, cortados en dedos
sal marina y pimienta negra

Precaliente la parrilla a temperatura media. Coloque las alubias, berros, ajo y aceite de oliva en un procesador de alimentos y procese para hacer un puré suave. Salpimiente.

Coloque los dedos de pita en una charola para hornear y tueste bajo la parrilla durante pocos minutos, volteando una vez, hasta que estén crujientes y tostados. Sirva con *el dip*.

Queso suave de cabra para untar, con cebolla morada y chile

El queso de cabra es más ligero y se tolera mucho mejor por la mayoría de la gente, que el queso de leche de vaca. Su sabor hermoso y acidulado siempre me hace agua la boca. Como premio adicional, las grasas del queso ayudan con la absorción de algunos de los compuestos benéficos en las cebollas.

2 A 4 PORCIONES

125 g de queso de cabra suave
1 cucharada de aceite de oliva
1 cucharadita de vinagre de
    vino tinto
¼ de cebolla morada, picada
    muy fino
½ chile verde, picado muy fino
1 manojo pequeño de perejil
    fresco, picado fino
sal marina y pimienta negra

Coloque el queso de cabra en un recipiente, agregue el resto de los ingredientes y salpimiente. Mezcle hasta que todos los ingredientes estén bien combinados. Sirva con pan de avena o *crudités*.

Gajos de betabel asado con aguacate y rábano picante
Esta es una combinación tan maravillosa de sabores que seguramente se volverá favorita en las cenas especiales. Realmente es la combinación ideal.

2 A 4 PORCIONES
4 betabeles grandes, limpios, sin pelar, y cortados en gajos
2 cucharadas de aceite de oliva, y un poco más para rociar
2 aguacates grandes y maduros
½ limón amarillo, jugo
3 a 4 cucharadas de salsa de rábano picante
sal marina

Precaliente el horno a 200° C. Coloque los gajos de betabel en una charola para hornear, rocíe con aceite de oliva y sazone con sal. Cocine en el horno de 20 a 25 minutos, o hasta que estén suaves y asados. Deje enfriar.

Pele los aguacates. Prepare la salsa juntando la pulpa de aguacate, jugo de limón amarillo, salsa de rábano picante y aceite de oliva en un procesador de alimentos. Sazone con sal y licue en una salsa homogénea para servir con el betabel. Excelente con una buena ensalada al lado o un poco de cuscús cocido.

Frijoles blancos al ajo con col rizada (*kale*) y parmesano

Para mí, esta es la comida reconfortante por excelencia. Es increíblemente llena de sabor, cremosa, y realmente me vuelve loco. Prepararla es pan comido, y es muy potente. Funciona como un platillo simple o también como una guarnición con otras cosas.

4 A 6 PORCIONES

aceite de oliva
2 dientes de ajo, rebanados fino
1 lata de 400 g de frijoles *cannellini*, escurridos
1 lata de 400 g de alubias, escurridas
120 g de col rizada (*kale*)
2 cucharadas de queso parmesano rallado
¼ cucharadita de hojuelas de chile (opcional)
sal marina y pimienta negra

Caliente un poquito de aceite de oliva en una olla y agregue el ajo. Cocine a fuego medio-alto; esta es una de las pocas ocasiones en que lo animo a dejar que el ajo se dore. Esto le da al platillo un sabor único y ahumado.

En este punto, agregue los frijoles y trocee la col rizada (en pedazos pequeños, directamente en la olla). Salpimiente. Siga cocinando de 7 a 8 minutos, o justo hasta que la col esté tierna pero todavía crujiente.

En este momento, añada una cucharada del parmesano y mezcle bien. Pase a un platón para servir y espolvoree el parmesano sobrante encima, junto con algunas de las hojuelas de chile, si las va a incluir. Sirva de inmediato.

PIEL *Acné, Eczema, Psoriasis*
ARTICULACIONES Y HUESOS *Artritis*
CORAZÓN Y CIRCULACIÓN *Cardiopatías*
SISTEMA DIGESTIVO *Enfermedad de Crohn*

El refuerzo beta Adoro los sabores intensos, rústicos y aromáticos de este platillo. La calabaza es ultra rica en el antioxidante betacaroteno, y las grasas del queso feta aumentan drásticamente la absorción del betacaroteno por el cuerpo.

4 PORCIONES
1 calabaza de Castilla mediana
3 dientes de ajo
1 cucharadita de semillas de comino
¼ de cucharadita de hojuelas de chile seco
aceite de oliva
1 manojo pequeño de salvia fresca, picada fino, o 1 cucharadita de salvia seca
200 g de queso feta
sal marina y pimienta negra

Precaliente el horno a 200° C. Corte la calabaza a la mitad, saque las semillas con una cuchara y deséchelas. Corte la calabaza (sin pelar) en cubos de 1 cm, y póngalos en una bandeja para hornear.

Mantenga los dientes de ajo enteros y sin pelar. Macháquelos con la palma de su mano o con la parte de atrás de una cuchara de madera; cualquier cosa que los aplaste parcialmente. Agréguelos a la bandeja para asar con la calabaza, y espolvoree encima el comino entero y hojuelas de chile. Rocíe un poco de aceite de oliva, sazone con sal, y si usó salvia seca, añádala en este momento.

Ase en el horno durante unos 20 minutos, o hasta que la calabaza esté blanda y comience a dorarse, y los bordes empiecen a caramelizarse. Si utiliza la salvia fresca, espolvoréela encima ahora.

Coloque la calabaza en un recipiente grande y desmorone el queso feta encima, después sazone con un poco de pimienta negra. Sirva de inmediato.

Dhal especiado de coco

Este es un fantástico platillo de fusión. Tiene la textura y apariencia de un *dhal* indio tradicional, pero la inclusión del té limón le da un giro tailandés-malayo, y el resultado final es una verdadera fusión asiática. Advertencia: ¡este platillo es realmente adictivo!

3 A 4 PORCIONES

2 tallos de té limón fresco
aceite de oliva
1 cebolla morada grande, picada fino
2 dientes de ajo, picados fino
1 chile verde, picado fino
100 g de lentejas rojas (o de las comunes)
200 ml de leche de coco
400 ml de caldo de verduras caliente (preparado con cubos o polvo)
1 manojo pequeño de cilantro fresco, picado grueso
1 chile rojo, en rebanadas finas (opcional)
1 limón verde, cortado en gajos
sal marina y pimienta negra

Comience por aplastar el té limón. Utilice un rodillo o algo con bastante peso, esto partirá y magullará el tallo, permitiendo que los maravillosos aceites fragantes salgan del té limón y penetren en el platillo.

Caliente un poco de aceite de oliva en una olla grande, agregue la cebolla, ajo, chile y té limón y cocine de 4 a 5 minutos, o hasta que la cebolla se haya suavizado. Agregue las lentejas y leche de coco y deje burbujear durante 3 o 4 minutos.

Comience agregando el caldo de verduras, poco a poco. Siga agregando el caldo hasta que las lentejas se hayan suavizado y desbaratado parcialmente, lo que normalmente tomará de 20 a 25 minutos.

Salpimiente, esparza encima el cilantro y chile rojo, y sirva de inmediato con los gajos de limón al lado. Es estupendo con quínoa y bayas de *goji*, cilantro fresco y jugo de limón.

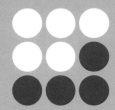

Bocadillos saludables a la mano

Picar tiende a ser un problema cuando intentamos comer bien. La tentación está por doquier y la conveniencia es primordial, así que es demasiado fácil alcanzar una barra de chocolate, un paquete de papitas o algún otro artículo indeseable.

Sin embargo, con un poco de planeación y organización, puede preparar bocadillos sencillos y prácticos que le quitarán el antojo de algo para botanear, y además serán nutricionalmente consistentes. Estos son algunos de mis favoritos.

Rebanadas deleitables de dátil Las rebanadas de dátil son dulces, melosas, increíblemente adictivas, y hechas a mi manera son en realidad bastante buenas para usted; le proporcionarán un impulso general de energía.

6 A 8 PORCIONES

150 g de aceite de coco, y un
   poco más para engrasar
200 g de dátiles deshuesados,
   picados
3 cucharadas de miel
75 g de hojuelas de avena
200 g de harina integral
3 cucharadas de semillas
   mixtas

Precaliente el horno a 150° C y engrase con aceite de coco una charola para hornear de 20 cm. Coloque los dátiles en una olla con 4 cucharadas de agua. Ponga la olla a fuego lento, cubra y cocine los dátiles por 1 o 2 minutos, hasta que formen una pasta pegajosa.

En otra olla, derrita la miel y el aceite de coco.

En un recipiente, mezcle juntas la avena, harina y semillas mixtas. Vierta la mezcla de miel derretida y coco, y combine bien para formar una masa.

Con una cuchara, sirva la mitad de la masa en la charola para hornear engrasada, empujando firmemente hacia abajo. Encima, coloque la mezcla de dátiles, luego esparza la masa sobrante sobre la mezcla de dátiles.

Hornee durante unos 30 minutos o hasta que esté bien dorado. Deje enfriar por completo antes de cortar en cuadrados.

Estos son platillos estupendos para tener a la mano en el refrigerador cuando tiene ganas de picar algo sabroso. Son ricos de sabor, se sienten como manjares y al mismo tiempo le hacen bien. El guacamole es una comida reconfortante fantástica, llena de las grasas buenas y vitales para virtualmente cada sistema de su cuerpo.

ARTICULACIONES Y HUESOS *Osteoporosis* **SALUD MENTAL Y SISTEMA NERVIOSO** *Ansiedad, Estrés* **CORAZÓN Y CIRCULACIÓN** *Presión arterial alta, Colesterol alto* **SISTEMAS REPRODUCTIVO Y URINARIO** *Periodos problemáticos*

PIEL *Psoriasis* **CORAZÓN Y CIRCULACIÓN** *Cardiopatías*

Paté de caballa ahumada (macarela) cero estrés

2 A 3 PORCIONES
3 filetes de caballa ahumados
3 cucharadas de yogur probiótico de cultivos vivos
½ limón, jugo
1 cucharada de alcaparras, escurridas y picadas grueso
sal marina y pimienta negra

Desmenuce los filetes de caballa en un procesador de alimentos, desechando la piel. Agregue el yogur y jugo de limón amarillo, sazone con sal y una cantidad generosa de pimienta negra.

Licue a baja velocidad, después añada las alcaparras, mezclando, y reservando unas cuantas para espolvorear encima. Si prefiere una textura más tosca, puede aplastarlo con un tenedor. Sirva con *crudités* de verduras.

Guacamole para vigorizar la piel

1 A 2 PORCIONES
2 aguacates grandes muy maduros
2 cucharadas de aceite de oliva extravirgen
½ limón, jugo
1 diente de ajo, picado fino
1 chile verde fresco, picado fino
¼ de cebolla grande morada, picada muy fino
5 o 6 jitomates *cherry*, en cuartos
sal marina y pimienta negra

Corte los aguacates a la mitad y con una cuchara saque la pulpa y métala en un procesador de alimentos. Agregue el aceite, jugo de limón, ajo y chile junto con una pizca generosa de sal, y procese a toda velocidad para hacer un puré homogéneo. Si no tiene un procesador de alimentos o le gusta una textura más tosca, puede machacar los ingredientes juntos con un tenedor.

Pase el guacamole a un recipiente. Agregue la cebolla picada y jitomates y mezcle bien. Salpimiente, y está listo para servir.

Flapjacks de manzana y canela

Estos tienen la textura esponjosa más fantástica. La combinación de canela y avena siempre será ganadora para mí.

PREPARA DE 6 A 10 CUADROS

2 cucharadas de aceite de coco, y un poco más para engrasar
2 manzanas
2 cucharadas de miel
180 g de hojuelas de avena
2 cucharaditas de canela
1 cucharada de arándanos secos (opcional)
1 cucharada de mezcla de pepitas de calabaza (opcional)

Precaliente el horno a 180° C y engrase una charola cuadrada para hornear de 20 cm con aceite de coco. Corte las manzanas en cuartos, retire las semillas, después colóquelas sin pelar en un procesador de alimentos. Licue hasta obtener un puré espeso, agregando un chorrito de agua de ser necesario.

Derrita el aceite de coco y miel juntos en un sartén a fuego medio-alto. Una vez que se combinen el aceite y la miel, añada el puré de manzana y mezcle bien.

Agregue la avena, canela, arándanos y pepitas de calabaza y mezcle bien para formar una masa manejable (un poco pegajosa).

Transfiera la mezcla a la charola preparada, presionando todo con firmeza, y hornee unos 20 minutos, o hasta que la superficie tenga un color bien dorado. Deje enfriar por completo antes de cortar en cuadros.

Bombas energéticas

Este maravilloso bocadillo es perfecto para tener a la mano en el refrigerador cuando necesita algo para picar que le dé un levantón. La espirulina, un tipo de alga, está repleta de proteína, ácidos grasos esenciales y vitaminas B. Es fácil de encontrar en las tiendas naturistas.

10 A 12 PORCIONES

250 g de dátiles sin huesos
250 g de nueces crudas
3 cucharaditas de polvo de espirulina
coco deshidratado para cubrir

Coloque los dátiles, nueces y espirulina en un procesador de alimentos, y licue a toda velocidad hasta que se forme una pasta firme.

Espolvoree el coco deshidratado en un plato y tenga otro plato limpio a la mano. Al procesar los ingredientes a toda velocidad, las nueces habrán soltado su aceite, así que la pasta estará muy grasosa. Separe trozos de pasta del tamaño de su pulgar, ruédelos para formar bolas, después ruede sobre el coco deshidratado. Coloque las bolas cubiertas en un plato limpio.

Una vez que haya hecho bolas con toda la pasta, coloque en el refrigerador por varias horas, lo que las volverá más firmes y les dará una fantástica textura chiclosa.

Barras de plátano, cacahuate y avena

Estos manjares divinos tienen una sensación maravillosa de pastel, así que es difícil creer que en verdad son bastante buenos para su salud. Utilicé aceite de coco en esta receta; es mucho más sano como grasa para cocinar que la mantequilla, y realmente es fácil conseguirlo ahora, la mayoría de las tiendas naturistas o gourmet lo tienen.

8 BARRAS

1 cucharada de aceite de coco, y un poco más para engrasar
3 plátanos muy maduros
1 cucharada de miel
2 cucharadas de crema de cacahuate crujiente
280 g de hojuelas de avena
2 cucharadas de semillas de linaza

Precaliente el horno a 180° C y engrase un molde cuadrado para hornear de 20 cm con un poco de aceite de coco.

En un recipiente, machaque los plátanos con un tenedor hasta que estén casi homogéneos. Después derrita el aceite de coco, miel y crema de cacahuate juntos a fuego lento en una olla grande. Una vez derretidos, retire del fuego y agregue los plátanos machacados.

Cuando los plátanos queden completamente mezclados, añada las hojuelas de avena y semillas de linaza y mezcle bien, hasta que se forme una mezcla manejable (un poco pegajosa).

Pase esta mezcla al molde preparado, presionando con firmeza para asegurarse de que la mezcla esté compacta, después hornee durante 20 minutos, o hasta que esté bien dorada.

Deje enfriar antes de cortar en trozos.

Fabulosos pasteles refrigerados

Preparar los pasteles refrigerados es juego de niños. Son dulces, deliciosos y tan densos en nutrientes que uno de estos lo mantendrá en movimiento durante horas. ¡Siempre es un placer cuando una comida tan buena, nutritiva y sana da la sensación de portarse mal! ¡Deléitese!

8 PIEZAS

8 cucharadas de semillas mixtas, como linaza, calabaza, ajonjolí o girasol
3 puñados de bayas de *goji*
1 puñado de dátiles sin hueso
4 cucharadas de polvo de cacao
1 cucharadita de coco deshidratado
1 cucharadita de canela molida
4 cucharadas de aceite de coco
1 cucharada de nueces, como pacanas, nuez de Castilla o de Brasil, picadas
1 cucharada de fruta seca, como chabacanos deshidratados o arándanos, picados

Coloque todos los ingredientes excepto el aceite de coco, nueces y frutos secos en un procesador de alimentos, reservando alrededor de 1 cucharada de las semillas y bayas de *goji*, y pulse unas cuantas veces para comenzar a crear una mezcla tosca y firme.

Coloque el aceite de coco en un recipiente refractario, después coloque este en agua recién hervida. El aceite se derretirá en cuestión de segundos. Agregue el aceite al resto de los ingredientes en el procesador. Licuelos a toda velocidad hasta que se hayan combinado completamente para formar una pasta firme.

Forre un molde de pastel rectangular de 20 cm con papel encerado; llene el molde con la mezcla y presione con firmeza para llenarlo. Espolvoree encima las semillas y bayas de *goji* reservadas, junto con las nueces y fruta picados, y presione ligeramente. Meta al refrigerador unas 3 horas, o hasta que esté firme. Rebane en 8 piezas parejas.

Platillos principales rápidos

Estas recetas son cenas perfectas y rápidas para comer entre semana. Son sabrosas, satisfactorias y desbordan en nutrientes, además de ser bastante fáciles de improvisar en cuestión de segundos, así que son ideales después de un largo día en el trabajo.

Pasta al pesto omega Este es un platillo delicioso e increíblemente satisfactorio, relleno de compuestos fitoquímicos efectivos. Simple, potente y sabroso.

2 PORCIONES
200 g de nuez de Castilla
60 g de dientes de ajo
1 cucharada de semillas de
     linaza molidas
1 cucharada de queso
     parmesano rallado
1 cucharada de aceite de oliva
     extravirgen, y un poco más
     para cocinar
1 cucharada de aceite de linaza
200 g de pasta *penne* integral
3 puñados de espinaca *baby o
     arúgula*
sal marina y pimienta negra

Coloque las nueces, albahaca, ajo, semillas de linaza molidas, parmesano, aceites de oliva y de linaza en un procesador de alimentos pequeño, y licue hasta obtener un pesto uniforme.

Lleve al hervor una olla grande con agua salada, agregue la pasta y cocine de 8 a 10 minutos (revise las instrucciones en el paquete) o hasta que esté suave pero aún firme al morder.

Mientras tanto, caliente un poco de aceite de oliva en una olla grande y poco profunda, agregue la espinaca si piensa utilizarla y cocine de 1 a 2 minutos, o hasta que se suavice, removiendo con frecuencia. Escurra la pasta y mezcle con la espinaca, asegurándose de combinarlas muy bien. Si está utilizando arúgula, solo añádala a la pasta caliente sin cocinarla antes. Salpimiente.

Retire del fuego y agregue el pesto, removiendo, y sirva de inmediato. Es importante que el pesto no se cocine para preservar los delicados pero esenciales ácidos grasos que contiene.

Curry de camote y espinaca

La idea de cocinar un curry desde cero probablemente espanta a muchos, pero en realidad es bastante sencillo una vez que le agarra el modo y entiende las distintas combinaciones aromáticas de las diferentes especias. ¡Eso sí que es ganancia!

3 A 4 PORCIONES

1 cucharada de aceite de oliva
2 cebollas moradas, en rebanadas delgadas
2 dientes de ajo grandes, picados fino
1 cucharadita de jengibre recién rallado
2 chiles verdes, rebanados fino
1 cucharadita de cilantro molido
1 cucharadita de comino molino
1 cucharadita de semillas de mostaza negra
1 cucharada colmada de cúrcuma
800 g de camotes, cortados en cubos de 3 cm, sin pelar
375 ml de caldo de verduras
150 g de espinaca, picada grueso
1 puñado grande de hojas frescas de cilantro, troceadas grueso
1 cucharada de hojuelas de almendras tostadas
sal marina

Caliente el aceite de oliva en una olla grande a fuego medio, agregue las cebollas, ajo, jengibre y chiles, y cocine de 4 a 5 minutos o hasta que estén suaves. Añada todas las especias, y remueva para que desprendan su aroma.

Agregue el camote y el caldo, y deje burbujear de 15 a 20 minutos, o hasta que el camote esté suave.

Después añada las hojas de espinaca y sazone con sal; una vez que se suavicen, espolvoree con el cilantro y las hojuelas de almendras y sirva de inmediato. Es estupendo con verduras de hoja verde salteadas, o incluso una ensalada.

Pimientos rojos rellenos de queso de cabra a las finas hierbas Una fabulosa infusión de sabores. Las hierbas culinarias ofrecen actividad farmacológica masiva, y este hermoso platillo está repleto de ellas.

2 PORCIONES
2 pimientos rojos
200 g de queso de cabra suave
1 puñado de perejil fresco, picado fino
1 puñado de cilantro fresco, picado fino
1 puñado de eneldo fresco, picado fino
1 cucharadita de aceite de oliva
2 cucharaditas de jugo de limón amarillo
1 cucharadita de piñones
sal marina y pimienta negra

Precaliente el horno a 200° C. Corte los pimientos por la mitad a lo largo y retire las semillas y membranas blancas. Coloque las mitades con la parte cortada hacia abajo sobre una charola para hornear con bordes, y agregue un poco de agua. Hornee durante unos 15 minutos, o hasta que estén tiernos.

Mientras tanto, coloque el queso de cabra en un recipiente y desmorónelo con un tenedor; agréguele las hierbas junto con el aceite de oliva y jugo de limón amarillo, y salpimiente. Mezcle bien para crear un encantador y aterciopelado queso a las hierbas.

Retire los pimientos del horno, voltéelos para que se vean los interiores, y rellene las mitades con la mezcla de queso. Cubra con piñones. Vuelva a meter en el horno de 10 a 12 minutos más, o hasta que estén ligeramente dorados, después retire y sirva con una ensalada.

Calabacitas rellenas de cebollas balsámicas y queso de cabra Este es un platillo adorable y ligero, repleto de sabores y valor nutricional.

1 PORCIÓN
aceite de oliva
½ cebolla morada, rebanada
   fino
1 cucharadita de vinagre
   balsámico
1 cucharadita de miel
1 calabacita grande
65 g de queso de cabra suave
sal marina y pimienta negra

Caliente un poco de aceite de oliva en una olla pequeña y agregue la cebolla morada. Cocine de 4 a 5 minutos, o hasta que se haya ablandado, después añada el vinagre balsámico y la miel. Mezcle bien y siga cocinando hasta que la mezcla se vuelva espesa. Reserve.

Mientras tanto precaliente el horno a 200° C. Corte la calabacita por mitad a lo largo. Saque las semillas con una cucharita para crear un hueco. Coloque las calabacitas con el hueco mirando hacia abajo, sobre una charola para hornear bordeada, con una cantidad pequeña de agua en el fondo. Hornee durante unos 15 minutos, o hasta que la calabacita empiece a ablandarse.

En este momento, escurra con cuidado cualquier agua sobrante de la charola. Voltee las mitades de calabacita al revés y rellene los huecos con la mezcla de cebolla. Salpimiente. Desmorone el queso de cabra encima, y vuelva a colocar en el horno de 5 a 8 minutos más, o hasta que el queso esté ligeramente dorado. Sirva de inmediato.

Ensalada antioxidante con aderezo de mostaza y naranja

No soy gran entusiasta del término *superalimento* y de todo el alarde publicitario relacionado, pero hay un par de ingredientes en este platillo que sin duda han sido llamados así en el pasado. Son estupendos porque son antioxidantes y ricos en vitaminas, pero no te harán volar ni caminar sobre el agua en el futuro próximo.

2 PORCIONES

¼ de calabaza de Castilla, sin pelar, picada en cubos pequeños
aceite de oliva, para rociar
150 g de floretes de brócoli
100 g de espinaca *baby*
150 g de jitomates *cherry*
100 g de semillas de granada
1 limón, jugo
1 cucharadita copeteada de mostaza de grano entero
1 cucharada de aceite de oliva
sal marina y pimienta negra

Precaliente el horno a 200° C. Coloque la calabaza en una charola para hornear y rocíe con aceite de oliva. Ase durante 20 minutos o hasta que se haya ablandado y la piel empiece a caramelizarse.

Mientras se cocina la calabaza, lleve una olla con agua al hervor, agregue el brócoli y cocine de 3 a 4 minutos, o apenas lo suficiente para que comience a ablandarse y tome un color verde brillante.

Coloque la espinaca y jitomates *cherry* en una ensaladera. Añada la calabaza cocida y brócoli y semillas de granada, sazone con sal y pimienta, y revuelva rápidamente y bien.

Combine el jugo de naranja, mostaza y aceite de oliva en un recipiente, y mezcle bien. Aderece la ensalada y vuelva a agitar rápidamente.

PIEL *Eczema, Psoriasis*
ARTICULACIONES Y HUESOS *Bursitis*
SALUD MENTAL Y SISTEMA NERVIOSO *Ansiedad*
CORAZÓN Y CIRCULACIÓN *Colesterol alto*
SISTEMA DIGESTIVO *Hinchazón, Enfermedad de Crohn*

Camotes asados con humus omega

Este es un increíble y sustancioso platillo lleno de fibra soluble y los fitonutrientes beta-sitosterol, betacaroteno y ácidos grasos omega 3.

2 PORCIONES
2 camotes medianos
1 lata de 400 g de garbanzos, escurridos
1 cucharada de semillas de ajonjolí
2 cucharadas de aceite de linaza
1 diente de ajo, picado fino
½ limón, jugo
1 puñado de perejil fresco o cilantro, picado grueso (opcional)
sal marina y pimienta negra

Precaliente el horno a 200°C. Coloque los camotes en una charola para hornear y ase durante 40 minutos, o hasta que estén muy suaves al apretarlos.

Mientras tanto, coloque los garbanzos, semillas de ajonjolí, aceite de linaza, ajo y jugo de limón en una licuadora o procesador de alimentos, sazone con sal y pimienta y licue hasta obtener un humus homogéneo.

Cuando esté cocinado el camote, córtelo por mitad a lo largo, y ponga una gran cucharada de humus encima. Esparza las hierbas encima, si las va a usar. Sirva de inmediato.

CORAZÓN Y CIRCULACIÓN *Presión arterial alta, Colesterol alto*
SISTEMA DIGESTIVO *Estreñimiento*
SISTEMAS REPRODUCTIVO Y URINARIO *Salud de la próstata*

Quesadillas integrales de frijol Adoro mis quesadillas de frijol. Me recuerdan mi primer trabajo en una tienda de comida naturista a finales de los noventa. Esta tienda preparaba las mejores quesadillas de frijol jamás hechas, y me daba el gusto de comer una al final de cada turno. Blanditas, intensas, sustanciosas: son reconfortantes de un millón de maneras.

2 PORCIONES

aceite de oliva
2 dientes de ajo, picados fino
1 chile verde pequeño, sin
    semillas y picado fino
½ cucharadita de comino
    molido
1 lata de 400 g de frijoles
    mixtos, escurridos
150 g de jitomates *cherry*
    frescos, picados grueso
2 tortillas integrales grandes o
    4 pequeñas
1 manojo pequeño de cilantro,
    picado grueso
1 puñado grande de queso
    cheddar bajo en grasa,
    rallado
sal marina y pimienta negra

Caliente un poco de aceite de oliva en un sartén, agregue el ajo, chile y comino, y cocine suavemente durante 2 minutos.

Agregue los frijoles y jitomates, siga cocinando de 10 a 15 minutos, o hasta que el líquido de los jitomates haya desaparecido virtualmente y solo quede el guiso espeso de jitomate y frijoles. Salpimiente. Precaliente el horno a 180° C.

Extienda las tortillas y con una cuchara sirva parte de la mezcla en un lado de cada una, aplánela ligeramente. Espolvoree un poco de cilantro encima de los frijoles, después la mitad del *cheddar* rallado encima de eso. Doble la tortilla a la mitad para hacer un sobre.

Coloque las quesadillas dobladas en una charola para hornear, con el doblez hacia abajo. Hornee por 10 minutos o hasta que estén doradas. O pase una brocha con aceite de oliva sobre una parrilla acanalada y colóquela a fuego medio-alto. Cocine por ambos lados. Sirva de inmediato.

Ensalada de col rizada y papitas, con salsa de cacahuate y chile

Uno pensaría que la col rizada (*kale*) cruda sería una cosa dura, fibrosa y lo opuesto a un manjar. Pero esta es una maravillosa manera de darle a la col rizada cruda la misma textura que a la cocinada, sin dañar los nutrientes.

2 PORCIONES

8 papas de cambray
200 g de col rizada cruda
1 a 2 cucharadas de aceite de oliva
2 dientes de ajo, picados fino
1 chile rojo, picado fino
3 cucharadas de mantequilla de cacahuate de buena calidad (sin sal o azúcar)
1 cucharada de salsa soya oscura
2 cucharaditas de miel
½ cucharadita de polvo de cinco especias
10 jitomates *cherry*, cortados a la mitad
3 a 4 ramitos de cilantro fresco
sal marina

Coloque las papas de cambray en una olla, cubra de agua hirviendo y deje hervir de 15 a 20 minutos, o hasta que estén tiernas. Escurra y reserve.

Ponga la col en un recipiente grande y trocee las hojas del tamaño de pequeños bocados, desechando los tallos gruesos y duros. Rocíe el aceite de oliva y una pizca de sal sobre la col y mézclala con las manos. Esto hará que se suavice y tome la misma textura que la col rizada cocida. Proceda a preparar la salsa.

Coloque el ajo y chile, crema de cacahuate, salsa soya, miel, polvo de cinco especias y 4 cucharadas de agua en un recipiente, y mezcle bien. La mezcla parecerá como si se hubiera separado al principio, pero siga mezclando y se habrá juntado para formar una salsa tipo *satay*. Si queda espesa, añada un poquito más de agua.

Agregue la salsa a la col y remueva. Una vez que la salsa esté mezclada con la col, corte las papas y los jitomates *cherry* por la mitad, y agréguelos a la col y mezcle. Decore con cilantro y sirva.

Trucha ahumada y ensalada de quínoa

Esta es una deliciosa ensalada que queda estupenda para un almuerzo o cena ligeros. No se desconcierte por la quínoa, es un ingrediente muy fácil y versátil de usar, y extremadamente bueno para su salud.

9 PORCIONES
150 g de quínoa
1 cucharadita de polvo
   o 1 cubito para caldo
   de verduras
2 filetes de trucha ahumada,
   desmenuzados
20 g de perejil fresco, picado
   fino
1 pimiento rojo, picado fino en
   cubitos
1 cucharada de alcaparras
2 cucharadas de aceite de oliva
2 cucharaditas de vinagre
   balsámico
½ cucharadita de mezcla de
   hierbas secas
2 manojos de hojas de arúgula
   fresca
sal marina y pimienta negra

Coloque la quínoa en una olla, cubra con agua recién hervida y agregue el cubito o polvo para el caldo de verduras. Deje hervir a fuego lento de 10 a 15 minutos, o hasta que esté apenas tierna. Escurra bien.

Desmenuce los filetes de trucha en trozos del tamaño de un bocado.

Coloque la quínoa cocida en una ensaladera, agregue la trucha desmenuzada, perejil picado, pimiento picado y alcaparras y mezcle bien. Salpimiente.

Combine el aceite de oliva, vinagre balsámico y hierbas mixtas para hacer un aderezo, y rocíe sobre la ensalada. Sirva con la arúgula fresca encima.

Pimientos asados con puré de frijoles blancos
El puré de frijoles blancos tiene algo que adoro: es muy cremoso y lleno de sabor. Este platillo está verdaderamente saturado de nutrientes, y no podría ser más fácil de preparar.

4 PORCIONES

4 pimientos (prefiero usar 2 colores distintos para que contrasten), cortados en tiras largas y anchas
2 calabacitas, cortadas en trozos de 2.5 cm
aceite de oliva extravirgen
2 dientes de ajo, machacados
1 lata de 400 g de frijoles *cannellini*, escurridos
1 lata de 400 g de alubias, escurridas
1 puñado pequeño de cilantro fresco, picado grueso
½ limón, jugo
sal marina y pimienta negra
hojas de ensalada mixta, para servir

Precaliente el horno a 180° C. Coloque los pimientos y calabacitas en una charola para asar, rocíe con aceite de oliva, sazone con sal y pimienta y agregue la mitad del ajo machacado. Mezcle bien. Ase en el horno de 15 a 20 minutos, o hasta que estén suaves.

Mientras tanto, caliente un poco de aceite de oliva en un sartén, agregue el ajo sobrante y cocine suavemente de 1 a 2 minutos, hasta que comience a soltar fragancia. Agregue los frijoles escurridos y mezcle bien.

Machaque la mezcla de frijol como lo haría para hacer puré de papas, con un pasapurés. En vez de agregar leche y mantequilla como con el puré tradicional, agregue un poco de aceite de oliva extravirgen para darle una textura cremosa.

Incorpore el cilantro picado y el jugo de limón, y salpimiente. Sirva las verduras asadas y puré de frijoles con una ensalada de hojas mixtas.

PIEL *Acné, Eczema*
ARTICULACIONES Y HUESOS *Artritis, Bursitis*
SISTEMA RESPIRATORIO *Asma*
SISTEMA METABÓLICO *Diabetes (tipo 2)*
SALUD MENTAL Y SISTEMA NERVIOSO *Depresión*
CORAZÓN Y CIRCULACIÓN *Colesterol alto*
SISTEMAS REPRODUCTIVO Y URINARIO *Síndrome de ovario poliquístico*

Filetes de atún con gajos de camote y verduras de hoja verde

Esta es una versión saludable del *fish and chips*, ¡bueno, lo es para mí! Contiene algunos ingredientes muy nutritivos, y es fabuloso para muchos de los sistemas del cuerpo.

2 PORCIONES
2 camotes grandes
aceite de oliva
100 g de verduras de hoja verde, troceadas
2 dientes de ajo, picados fino
1 chile rojo, picado fino
2 filetes de atún, de unos 150 g cada uno
sal marina y pimienta negra

Precaliente el horno a 180° C. Corte los camotes sin pelar, a lo largo, y en gajos delgados. Rocíe un poco de aceite de oliva sobre los gajos, salpimiente y cocine en el horno durante unos 20 minutos, o hasta que comiencen a dorarse y la piel se torne crujiente. Voltéelos por lo menos una vez.

Caliente un poco de aceite de oliva en una olla, agregue las verduras y fría de 5 a 8 minutos, o hasta que tomen un color verde mucho más brillante. En este momento, añada el ajo y chile, salpimiente y mezcle bien.

Caliente un sartén o plancha antiadherente con un poco de aceite de oliva. Agregue el atún y selle de 3 a 4 minutos de cada lado. Si realmente le desagrada el color rosado del centro del atún, puede cocinarlo más tiempo, por supuesto, pero una cocción ligera preserva más del vital omega 3. Rebane el atún y acomódelo sobre las hojas verdes, después sirva de inmediato.

Salmón de soya-ajonjolí con vegetales y arroz al coco
Este platillo bonito y llenador tiene una atractiva vibra de fusión asiática. Garantizo que también será un favorito para las cenas especiales.

2 PORCIONES

2 cucharadas de salsa soya baja en sal

1 cucharadita de aceite de ajonjolí

1 cucharadita de miel

2 filetes de salmón grandes

150 g de arroz integral

1 lata de 400 ml de leche de coco

2 cucharadas de coco deshidratado

aceite de oliva

1 diente de ajo, picado fino

1 cebolla morada grande, rebanada fino

1 zanahoria pequeña, cortada en tiras delgadas

½ calabacita, cortada en tiras delgadas

1 puñado de espinaca *baby*

sal marina

Combine 1 cucharada de salsa de soya con el aceite de ajonjolí y miel, y mezcle bien. Vierta sobre el salmón y deje marinar por lo menos una hora, o toda la noche.

Coloque el arroz en una olla y cubra con agua salada hirviendo. Hierva a fuego medio hasta que esté medio cocido, unos 10 minutos (revise las instrucciones en el paquete). Agregue la leche de coco y siga hirviendo hasta que esté suave y tierno. Quizás necesite agregar un poco más de agua. Añada el coco deshidratado y mezcle bien. Pase a un plato tibio y reserve.

Caliente un sartén a fuego medio, agregue el salmón con la marinada, y cocine de 6 a 8 minutos, volteando regularmente.

Mientras tanto, caliente un poco de aceite de oliva en una olla grande o wok y agregue el ajo, cebolla, zanahoria y calabacita. Fría de 2 a 3 minutos, moviendo rápidamente, hasta que estén blandos. Incorpore la espinaca y salsa de soya sobrante, y cocine durante 1 minuto. Una vez que estén cocinados el salmón y las verduras, sirva de inmediato con el arroz al coco.

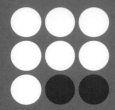

Platillos principales de fin de semana

Estos platillos son ideales para cuando tiene un poquito más de tiempo para crear algo especial. Tienen algunos pasos más que los platos principales veloces, pero el esfuerzo vale la pena, y muchos de ellos son excelentes platillos para cuando tiene invitados a cenar.

CORAZÓN Y CIRCULACIÓN *Colesterol alto*
SISTEMA DIGESTIVO *Hinchazón, Estreñimiento, IBS*
SISTEMAS REPRODUCTIVO Y URINARIO *Salud de la próstata*

Crumble de verduras con cubierta de avena y queso

¡En mi opinión, esta es una verdadera comida reconfortante! Está llena de antioxidantes, compuestos fitoquímicos potentes, fibra y, lo más importante de todo, sabor.

3 A 4 PORCIONES
aceite de oliva
1 cebolla morada grande, picada fino
2 dientes de ajo, picados fino
1 calabacita grande, picada
1 berenjena pequeña, picada en cubos
2 pimientos rojos, picados en cubos
430 g de *passata* (salsa de jitomate concentrada)
sal marina y pimienta negra

Para la cubierta:
100 g de hojuelas de avena
50 g de harina integral
3 cucharadas de aceite de oliva
2 cucharadas de queso parmesano rallado

Caliente un poco de aceite de oliva en una olla, agregue la cebolla y ajo y cocine suavemente de 4 a 5 minutos, o hasta que estén suaves.

Agregue la calabacita picada, berenjena y pimientos, y siga cocinando hasta que las verduras comiencen a ablandarse. Precaliente el horno a 200° C.

Incorpore la *passata*, lleve a un suave hervor y siga cocinando unos 15 minutos más. Para este momento, la *passata* deberá haberse reducido y la mezcla parecerá *ratatouille* espeso. Salpimiente y transfiera a un plato para hornear.

Mientras tanto haga la cubierta: mezcle juntos los ingredientes secos, después agregue el aceite de oliva, mezclándolo y añadiendo apenas lo suficiente para crear una textura parecida las migajas de pan.

Espolvoree la cubierta sobre la mezcla de verduras, y hornee de 15 a 20 minutos, o hasta que esté bien dorada. Reserve unos cuantos minutos antes de servir.

Risotto de betabel y chícharos con menta y feta

Betabel con menta podrá sonar un poco como comer gis con queso, pero confíe en mí, ¡de verdad funciona! La frescura de la menta vuelve a la vida al rústico betabel. Las propiedades medicinales de este platillo también son sobresalientes.

2 A 3 PORCIONES

aceite de oliva
1 cebolla morada grande, picada fino
2 dientes de ajo, picados fino
250 g de arroz *arborio* para *risotto*
300 g de betabel cocido, en cubos
1 litro de caldo caliente de verduras (preparado con cubos o polvo)
200 g de chícharos congelados
1 puñado de menta fresca, picada fino
200 g de queso feta
sal marina y pimienta negra

Caliente un poco de aceite de oliva en una olla, agregue la cebolla y ajo y cocine de 4 a 5 minutos, o hasta que la cebolla esté blanda. Agregue el arroz y cocine otro minuto más. Incorpore la mayor parte del betabel, reservando uno para después.

Agregue el caldo de verduras poco a poco, hasta que el arroz esté suave y apenas tierno, removiendo frecuentemente (esto puede tomar hasta 30 minutos). Debe quedar bastante húmedo, pero no demasiado líquido. Salpimiente.

Cuando el arroz esté casi cocido, agregue los chícharos y menta y cocine de 2 a 3 minutos más.

Coloque el betabel sobrante en un procesador de alimentos pequeño y licue hasta obtener un puré grueso. Agregue el puré al *risotto* terminado, mezcle bien y sirva sobre platos tibios. Desmorone un poco de feta encima de cada uno.

PIEL *Eczema, Psoriasis*
CORAZÓN Y CIRCULACIÓN *Colesterol alto*
SISTEMA DIGESTIVO *Hinchazón, Estreñimiento*
SISTEMAS REPRODUCTIVO Y URINARIO *Endometriosis, Síndrome de ovario poliquístico, Periodos problemáticos*

Cocido beta de garbanzo y camote

Esta receta es una de mis favoritas en invierno. Es tan satisfactoria a tantos niveles. Está colmada de todo tipo de fitonutrientes: betacaroteno, quercetina, inulina, azufre, fitoestrógenos, zinc, por mencionar algunos.

3 PORCIONES

2 camotes grandes, cortados en trozos gruesos, sin pelar
aceite de oliva
1 diente de ajo, picado fino
1 cebolla morada, picada fino
2 puñados de espinaca *baby*
1 lata de 400 g de garbanzos cocidos, escurridos
4 cucharadas de pasta de jitomate deshidratado
queso azul danés, al gusto (o si prefiere, sustitúyalo por otros quesos)
sal marina y pimienta negra

Coloque los camotes en una olla, cubra de agua hirviendo y deje hervir suavemente de 8 a 10 minutos, o hasta que estén suaves. Escurra bien, salpimiente y machaque hasta obtener un puré anaranjado homogéneo.

Precaliente el horno a 200° C. Caliente un poco de aceite de oliva en una olla y agregue el ajo y la cebolla morada. Cocine de 4 a 5 minutos, o hasta que estén suaves. Agregue la espinaca a la cebolla y ajo y cocine durante unos cuantos minutos más, hasta que la espinaca se haya incorporado. Añada los garbanzos, mezcle bien, después agregue la pasta de jitomate seco. Salpimiente.

Pase la mezcla de garbanzos a un molde para hornear. Coloque el puré de camote encima de esto, como si fuera a preparar un *shepherd's pie* (pastel de carne y papa).

Desmorone el queso azul por encima, si lo va a usar, y hornee de 15 a 20 minutos, o hasta que esté dorado y burbujeando. Reserve unos cuantos minutos antes de servir.

Curry verde thai de vegetales

Me encanta el curry verde tailandés. ¡La poderosa química que ofrece este platillo podría llenar un libro!

3 A 4 PORCIONES

Para la pasta de curry:
2 tallos de té limón
2 chiles verdes
2 dientes de ajo
1 cebolla grande
1 cm de jengibre fresco, pelado
30 g de hojas de cilantro fresco
4 hojas de albahaca
4 hojas de lima kaffir
½ cucharadita de pimienta blanca
½ cucharadita de cilantro molido
3 cucharaditas de salsa de pescado o salsa soya oscura
1 cucharadita de pasta de camarón
1 limón, jugo

Para el curry:
Aceite de coco virgen
1 calabacita grande, rebanada
½ pimiento rojo, en trozos
¼ de berenjena, en trozos
6 a 7 elotitos *baby* en trozos
100 g de hongos *shiitake*,
2 puñados de espinaca *baby*
1 lata de 400 g de leche de coco
200 ml de caldo de verduras
1 limón, cortado en gajos

Corte los ingredientes para la pasta en trozos grandes y coloque en el procesador de alimentos. Licue hasta obtener una pasta aromática y penetrante. (Una advertencia a partir de una amarga experiencia: ¡no inhale profundamente cuando quite la tapa! ¡Ha sido advertido!)

Caliente un poco de aceite de coco en una olla grande, agregue la pasta de curry y fríala durante 1 o 2 minutos. Deberá tomar un color verde más oscuro y opaco, y será menos penetrante de aroma.

Añada las verduras rebanadas, leche de coco y caldo de verduras, y deje hervir suavemente de 10 a 15 minutos, o hasta que las verduras estén tiernas. Sirva con gajos de limón y arroz integral cocido o quínoa.

Berenjena al horno rellena de jitomate y lentejas Reconfortante, llenadora y repleta de sabor, con una hermosa vibra mediterránea.

2 PORCIONES

1 berenjena grande
180 g de lentejas rojas (o de las comunes)
aceite de oliva
½ cebolla morada, picada fino
2 dientes de ajo, picados fino
1 pimiento rojo, cortado en cubos de 1 cm
3 cucharadas de pasta de jitomate deshidratado
1 ramito de albahaca fresca, troceada grueso (opcional)
sal marina y pimienta negra

Corte la berenjena por la mitad a lo largo y saque la pulpa, dejando la corteza de unos 5 mm de grosor. Corte la pulpa que sacó en trozos de 5 mm.

Precaliente el horno a 220° C. Coloque las mitades de berenjena huecas boca abajo sobre una charola para hornear, y llene de agua cerca de 1 cm de profundidad. Hornee durante unos 15 minutos, o hasta que comience a suavizarse notoriamente.

Coloque las lentejas en una olla, cubra de agua y lleve al hervor. Reduzca el fuego y deje hervir suavemente de 15 a 20 minutos, o hasta que se ablanden y empiecen a deshacerse.

Caliente un poco de aceite de oliva en un sartén, agregue la cebolla y ajo y salpimiente, después cocine de 4 a 5 minutos, o hasta ablandar. Agregue el pimiento rojo y pulpa de berenjena y siga cocinando hasta que estén suaves. Añada las lentejas cocidas a la cebolla y ajo, mezcle bien. Agregue la pasta de jitomate deshidratado, mezclando.

Con una cuchara, sirva la mezcla de lentejas en el hueco de las berenjenas y vuelva a meter al horno de 10 a 15 minutos, o hasta que estén bien asadas y la superficie del relleno comience a dorarse. Esparza albahaca encima, si la quiere usar, y sirva de inmediato.

Tarta de betabel, cebolla morada y queso de cabra
Puedo agradecer a mi maravillosa madre por este platillo. Ella creó una versión de este para un asado familiar. Una probada, ¡y me volví adicto! Le hice algunos ajustes, pero es fundamentalmente lo mismo.

4 A 6 PORCIONES

aceite de oliva
1 cebolla morada grande, en rebanadas finas
1 cucharada de miel
1 ramito de hojas de tomillo fresco
harina para espolvorear
1 hoja grande de pasta de hojaldre preparada
1 huevo, ligeramente batido
4 betabeles grandes cocidos, en cubos
150 g de queso de cabra (o utilice feta si prefiere)
50 g de piñones

Caliente un poco de aceite de oliva en una olla. Agregue la cebolla morada y cocine de 4 a 5 minutos, o hasta que se suavice. Añada la miel y tomillo y siga cocinando hasta que la cebolla obtenga una apariencia caramelizada.

Precaliente el horno a 200° C. Enharine una superficie y estire la pasta. Coloque un plato grande encima y corte alrededor para hacer un círculo de 25 cm de diámetro. Con un cuchillo filoso, marque un círculo más pequeño, de 1.5 cm más o menos, dentro del borde, sin atravesarlo, usando un plato más pequeño como plantilla si lo desea. Perfore con un tenedor, dejando el borde intacto. Barnice el borde con huevo batido.

Coloque la pasta en una charola y hornee de 10 a 15 minutos, o hasta que esté dorada. Deje enfriar un poco antes de presionar suavemente en el círculo interno para empujarlo y formar un borde alrededor. Llene el centro con cebollas. Distribuya el betabel sobre la cebolla. Desmorone el queso encima, seguido por los piñones. Regrese al horno unos 10 minutos, o hasta que esté dorado en los bordes. Sirva de inmediato; con ensalada verde.

PIEL *Acné, Eczema, Psoriasis*
ARTICULACIONES Y HUESOS *Artritis*
SISTEMA RESPIRATORIO *Asma*
SISTEMA METABÓLICO *Diabetes (tipo 2)*
SALUD MENTAL Y SISTEMA NERVIOSO *Ansiedad, Depresión, Estrés*
CORAZÓN Y CIRCULACIÓN *Colesterol alto*
SISTEMAS REPRODUCTIVO Y URINARIO *Menopausia, Periodos problemáticos*

Salmón al horno con corteza de hierbas omega

Este platillo es un centro de poder total, pues nos ofrece todos los ácidos omega 3 importantes, virtualmente vitales para todos los sistemas del cuerpo, y proporciona un amplio espectro de beneficios terapéuticos.

2 PORCIONES

3 cucharadas de semillas de linaza molidas (disponibles en tiendas naturistas)
1 cucharada de pan integral molido
1 cucharadita de albahaca seca
1 cucharadita de orégano seco
1 cucharadita de romero seco
½ diente de ajo, machacado
1 limón amarillo, la ralladura, más 1 limón amarillo cortado en gajos
1 cucharada de aceite de oliva
2 filetes de salmón grandes
sal marina y pimienta negra

Precaliente el horno a 190° C y forre una charola para hornear con papel aluminio. Combine las semillas de linaza molidas, pan molido, hierbas, ajo, ralladura de limón y aceite de oliva en un recipiente para preparar la cubierta, después salpimiente.

Distribuya la mezcla de semilla de linaza sobre el filete de salmón, colocado con la carne hacia arriba, y coloque el filete sobre la charola preparada para hornear.

Ase en el horno de 8 a 10 minuto, o hasta que la costra esté bien dorada.

Sirva con gajos de limón amarillo y una ensalada de hojas mixtas.

PIEL *Acné*
ARTICULACIONES Y HUESOS *Artritis*
SISTEMA INMUNE *Resfriados y gripe*
CORAZÓN Y CIRCULACIÓN *Presión arterial alta, Colesterol alto, Cardiopatías*

Curry de langostinos para potenciar el sistema inmune

Siempre me han encantado los camarones; son fantásticos para la salud de la piel, y también para el sistema inmune. También soy un fanático del curry, así que para mí este platillo es el paraíso.

2 A 3 PORCIONES
1 cebolla grande, picada grueso
4 dientes de ajo, picados fino
1 chile rojo, picado grueso
aceite de oliva
1 trozo de 2.5 cm de jengibre fresco, pelado y troceado
200 g de jitomates *cherry*, picados grueso
2 cucharaditas de polvo de curry suave
1 cucharadita de cúrcuma
½ cucharadita de comino molido
1 cucharadita de cilantro molido
1 cucharadita de *garam masala*
400 g de langostinos crudos pelados (pueden sustituirse por camarones gigantes)
3 cucharadas de yogur probiótico entero con cultivos vivos
½ cucharadita de canela molida
1 puñado pequeño de cilantro fresco, picado grueso (opcional)
sal marina

Coloque la cebolla, ajo y chile picado en un procesador de alimentos o licuadora pequeña y licue hasta obtener un puré fino.

Caliente un poco de aceite de oliva en una olla grande, agregue el puré de cebolla y el jengibre picado, salpimiente y cocine durante unos 10 minutos o hasta que el puré cambie de color; se volverá mucho más oscuro y mucho menos penetrante de aroma y sabor.

Una vez que el puré llegue a esta etapa, añada los jitomates *cherry* y todas las especias excepto la canela. Siga cocinando otros 10 minutos, mezclando frecuentemente.

Agregue los camarones y el yogur y cocine durante unos 10 minutos más, removiendo continuamente.

En este momento, añada la canela y decore con el cilantro picado, si lo va usar. Sirva con quínoa cocida y una ensalada verde, si gusta.

Filete de atún con corteza de avena y puré de espárragos

A veces me saco del sombrero este platillo en las cenas con invitados, pues luce bien y tiene un maravilloso y sofisticado sabor, sin mencionar el hecho de que realmente nos hace bien.

2 PORCIONES

aceite de oliva
1 cebolla pequeña, picada fino
250 g de espárragos
5 cucharadas de avena
2 cucharadas de queso
    parmesano rallado
2 filetes grandes de atún, de
    unos 150 g
sal marina y pimienta negra

Precaliente el horno a 200° C, y forre una charola para hornear con papel aluminio, después engrase ligeramente con aceite.

Caliente un poco de aceite de oliva en una olla, agregue la cebolla y cocine de 5 a 8 minutos, o hasta que esté suave y transparente. Agregue los espárragos y cocine durante otro minuto, después añada suficiente agua para apenas cubrirlos. Deje hervir a fuego lento durante unos 10 minutos, o hasta que los espárragos se hayan ablandado y se vuelvan verdes brillantes. Salpimiente y pase a un procesador de alimentos y licue hasta obtener un puré espeso.

En un recipiente poco profundo, vierta la avena y el parmesano, salpimiente y mezcle. Presione los filetes de atún sobre la mezcla de avena, y voltee hasta que estén bien cubiertos. Coloque los filetes en la charola y hornee de 15 a 20 minutos, o hasta que estén bien dorados.

Caliente el puré de espárrago en una olla pequeña. Coloque cada filete de atún en el centro de un plato y vierta el puré de espárragos alrededor.

Filete de caballa a la parrilla con hinojo y poro salteados

Esta es una cena divina, con una explosión pletórica de nutrientes. Es ligera, pero le mantendrá satisfecho.

2 PORCIONES

2 filetes de caballa fresca (macarela)
aceite de oliva
1 diente de ajo, picado fino
1 chile rojo, picado fino
1 poro grande, en rebanadas delgadas
2 hinojos pequeños, cortados en rebanadas delgadas
8 jitomates *cherry*
1 limón amarillo, cortado en gajos, para servir
sal marina y pimienta negra

Precaliente la parrilla a alta temperatura. Coloque los filetes de caballa en una charola para hornear, salpimiente, y ase a la parrilla de 5 a 7 minutos, hasta que estén dorados y completamente cocidos.

Caliente un poco el aceite de oliva en una olla, agregue el ajo y chile y cocine a fuego lento alrededor de 1 minuto. Agregue el poro e hinojo, y siga cocinando hasta que estén suaves, de 5 a 8 minutos. Después de 2 minutos, añada los jitomates *cherry* para que apenas comiencen a ablandarse y reventarse.

Apile un poco de poro e hinojo salteados en el centro de cada plato, ponga los filetes encima y agregue un gajo de limón amarillo. Sirva de inmediato con papas cambray hervidas, si lo desea.

Salmón a la parrilla con puré de zanahoria especiada y espinaca

Me inspiré para esto en un plato que a menudo como en mi hotel favorito en Dublín cuando el trabajo me lleva por allá. Su versión ligeramente más llenadora hizo que me enamorara del puré de zanahoria especiado. Una pareja divina.

2 PORCIONES

5 zanahorias grandes, rebanadas
2 filetes de salmón grandes
2 puñados grandes de espinaca
1 trozo pequeño de mantequilla
½ cucharadita de especias mixtas
2 ramitos de perejil fresco, picado fino
gajos de limón amarillo, para servir
sal marina y pimienta negra

Coloque las zanahorias en una olla y cubra con agua. Lleve al hervor, reduzca el fuego y deje hervir de 10 a 15 minutos, o hasta que estén tiernas. O hágalas al vapor, porque retienen más nutrientes.

Precaliente la parrilla a la temperatura más alta. Coloque los filetes de salmón sobre una charola para hornear y cocine a la parrilla de 8 a 10 minutos, o hasta que apenas empiecen a volverse bien dorados, volteándolos mientras se cocinan.

Coloque la espinaca en una olla con unas cuantas cucharadas de agua y tape; ponga al fuego de 3 a 4 minutos, o hasta que estén suaves. Escurra bien.

Escurra las zanahorias y colóquelas en un recipiente grande. Con un pasapurés, macháquelas. Agregue la mantequilla y especias mixtas, salpimiente y vuelva a machacar hasta que esté homogéneo. Añada el perejil picado y mezcle. Coloque la espinaca en el centro de un plato, acomode el salmón encima y el puré a un lado. Sirva con gajos del limón.

Caballa marinada con betabel y rábano picante
Sé que suena como una combinación extraña, pero confíen en mí, es el maridaje ideal. El betabel y rábano picante son una combinación clásica, y el sabor intenso de la caballa lleva todo a otro nivel. Pruébelo, ¡agradecerá haberlo hecho!

2 PORCIONES
2 betabeles grandes cocidos
4 cucharaditas de salsa de
  rábano picante
1 cucharada de yogur
  probiótico de cultivos vivos
½ limón amarillo, jugo
2 filetes de caballa (macarela)
sal marina y pimienta negra

Prepare la marinada colocando el betabel, salsa de rábano picante, yogur y jugo de limón amarillo en un procesador de alimentos, después licue hasta obtener un puré homogéneo.

Coloque la marinada en un recipiente o plato, agregue los filetes de caballa y asegúrese de que estén bien cubiertos del aderezo. Deje marinar en el refrigerador de 2 a 3 horas.

Una vez marinados, precaliente el horno a 190° C y forre una charola para hornear con papel aluminio. Coloque los filetes sobre la charola preparada y hornee durante unos 8 minutos, o hasta que estén completamente cocidos. Para revisar, inserte la punta de un cuchillo en el centro de un filete: la carne deberá desmenuzarse y no lucir traslúcida.

Sirva con verduras asadas, quínoa, ensalada, o incluso en un *wrap* (pita o tortilla).

Brochetas de langostinos y salmón con ensalada cítrica de quínoa
Este platillo es divino y se siente muy veraniego. Ofrece toneladas de minerales, ácidos grasos y proteína también, así como otras bondades de todo tipo. ¡Eso tiene que ser bueno! Pida en la pescadería que le den el pescado sin piel.

1 A 2 PORCIONES

1 filete grande de salmón, sin piel y cortado en cubos
100 g de langostinos crudos pelados (pueden sustituirse por camarones gigantes)
100 g de quínoa
2 cucharaditas de caldo de verduras en polvo, o 1 cubo de caldo de verduras
15 g de perejil fresco, picado fino
1 limón, jugo y ralladura
sal marina y pimienta negra

Precaliente la parrilla a alta temperatura. Tome unas brochetas de metal y ensárteles cubos alternados de salmón y langostino. Salpimiente y coloque bajo la parrilla durante unos 10 minutos, volteándolas unas 2 o 3 veces.

Lleve una olla con agua al hervor y agregue la quínoa. Añada un par de cucharadas de caldo de verduras en polvo o un cubo para dar mayor profundidad de sabor, y cocine de 10 a 15 minutos. Cuando estén cocidos los granos deberán estar traslúcidos y tener pequeñas colitas blancas a un lado.

Coloque la quínoa cocida en un recipiente e incorpore el perejil picado. Añada la ralladura y jugo del limón verde. Salpimiente y mezcle bien.

Para servir, ponga un poco de ensalada de quínoa sobre los platos y acomode las brochetas cocidas encima. Sirva con ensalada de arúgula.

Manjares dulces

Muchos creen que una dieta sana es una especie de autoflagelación y sufrimiento, y que los lujos y bocadillos dulces están completamente excluidos del menú. ¡A otro perro con ese hueso, digo yo! Una vida sin placer sería bastante miserable, y si asume esa actitud pronto terminará por dejarlo todo y volverá a sus antiguos hábitos de alimentación. Con un poco de imaginación y una selección inteligente de ingredientes, podrá tener lo mejor de dos mundos: de verdad puede preparar dulces delicias que además beneficien su salud.

Helado de yogur probiótico de piña, papaya y menta
Los helados de yogur y sorbetes caseros en realidad son bastante sencillos, si tiene un poco de tiempo. Este es fresco y adorable.

2 A 3 PORCIONES
1 piña pequeña y madura
1 papaya pequeña y madura
1 puñado de hojas de menta
   fresca
1 cucharada de miel
500 g de yogur probiótico vivo

Pele la piña rebanando los dos extremos, después retire la cáscara de los lados con un cuchillo filoso. Quite los puntos cafés, u *ojos*, con la punta de un cuchillo. Corte la pulpa en trozos grandes y colóquelos en un procesador de alimentos. Corte la papaya a la mitad, saque las semillas con una cuchara, después saque la pulpa con la cuchara y colóquela en el procesador.

Pique las hojas de menta y agréguelas junto con la miel y el yogur. Licue a alta velocidad para crear una mezcla cremosa como un *smoothie*. Pase a un recipiente de plástico que pueda congelarse, y métalo al congelador. Después de 30 minutos, los bordes de la mezcla deben haber empezado a congelarse. Mezcle con un tenedor para romper los trozos congelados, y vuelva a meter en el congelador por 30 minutos más. Otra opción es licuarla brevemente en el procesador de alimentos y regresar al congelador.

Después de 30 minutos, retire y repita el proceso. Siga haciendo esto de 2 a 3 horas, o hasta que se obtenga una textura de helado.

Si quiere, puede batir la mezcla en una máquina para hacer helados, siguiendo las instrucciones del fabricante, y después lleve al congelador.

Crumble especiado de cerezas para las buenas noches

Este hermoso postre tiene un golpe nutricional muy bueno, y sabe mucho menos saludable de lo que es. ¡Todos necesitamos un pequeño deleite!

4 PORCIONES

750 g de cerezas frescas o congeladas, descongeladas si son precongeladas

1 cucharada de miel

100 g de avena

100 g de harina integral

1 cucharadita de canela molida

1 cucharada de azúcar de caña de alta calidad

1 cucharada de aceite de oliva ligero

yogur probiótico de cultivos vivos, para servir

Precaliente el horno a 180° C. Retire los tallos y huesos de las cerezas. Puede partirlas a la mitad y simplemente sacar los huesos.

Coloque las cerezas sin huesos en una olla pequeña con 1 cucharada de agua y miel. Deje burbujear a fuego alto de 4 a 5 minutos o hasta que las cerezas empiecen a ablandarse y se vuelvan un puré con textura de mermelada.

Combine la avena, harina, canela y azúcar con el aceite de oliva en un recipiente. Mezcle bien para crear una textura parecida a migajas de pan.

Coloque la mezcla de cerezas en un molde pequeño para hornear. Cubra con la mezcla de *crumble* y hornee durante unos 30 minutos, o hasta que esté bien dorada. Deje enfriar durante unos minutos antes de servir con el yogur.

Pastel de queso sin queso de chocolate y menta

Este postre perfecto toma un poco de esfuerzo, pero los resultados son sorprendentes: el efecto tipo pastel de queso sorprenderá a sus amigos, ¡en particular si espera hasta después para decirles de qué está hecho!

3 A 4 PORCIONES

Para la base:

200 g de mezcla de nueces, como nuez de Castilla, nuez de Brasil, avellanas

6 dátiles sin huesos

3 cucharadas de aceite de coco

Para la capa de chocolate:

4 aguacates muy maduros, muy suaves

5 cucharadas de polvo de cacao de alta calidad (de preferencia polvo de cacao crudo)

2 cucharadas de miel

2 cucharaditas de esencia de yerbabuena

3 cucharadas de aceite de coco, derretido

hojas de menta fresca, para decorar (opcional)

Para la base, coloque las nueces y dátiles en un procesador de alimentos y licue a toda velocidad hasta formar una masa firme. Derrita el aceite de coco en una olla a fuego lento y agréguelo a la mezcla. Licue hasta que esté bien combinada. Pase la mezcla a un molde, de fondo desmontable, de 23 cm de diámetro, y cubra la base con ella, presionando con la parte de atrás de una cuchara para formar una capa apretada sobre el molde. Colóquelo en el congelador para endurecer y prepare la capa de chocolate.

Corte los aguacates a la mitad, retire los huesos y con una cuchara saque la pulpa y colóquela en el procesador de alimentos. Agregue el polvo de cacao, miel, esencia de yerbabuena y aceite de coco derretido y licue para obtener un *mousse* de chocolate espeso y aterciopelado.

Retire la base del pastel del congelador y vierta encima el chocolate, con una espátula forme una capa uniforme. Refrigere al menos 5 horas antes de servir. Esto dejará que el aceite de coco se fije para crear una base firme y una cubierta aterciopelada. Decore con hojas de menta, si gusta.

Gajos de manzana especiada al horno con compota saludable para el corazón

Este es un hermoso postre veraniego que es dulcemente satisfactorio, pero increíblemente virtuoso.

2 A 3 PORCIONES

2 manzanas *Golden Delicious*

2 cucharaditas de miel de maple

1 cucharadita de canela molida

150 g de moras azules frescas

½ chile rojo, sin semillas y picado fino

1 puñado de nueces pacanas, picadas grueso, para servir (opcional)

yogur probiótico de cultivos vivos, para servir

Precaliente el horno a 200° C. Corte las manzanas en octavos sin pelarlas, y retire las semillas y partes fibrosas alrededor de las semillas.

Coloque los gajos de manzana sobre una charola para hornear, y hornee durante 15 minutos. Retire la charola del horno, rocíe los gajos con miel de maple y espolvoree con canela. Devuelva al horno por otros 15 o 20 minutos, o hasta que estén suaves y burbujeantes.

Para hacer la compota de moras azules, coloque las moras en una olla con 1 cucharada de agua y el chile. Cocine a fuego alto de 4 a 5 minutos, o hasta que las moras comiencen a liberar sus jugos y deshacerse en una compota. Vierta la compota sobre los gajos de manzana horneada y espolvoree con las nueces picadas, si las está utilizando. Sirva con una cucharada de yogur.

Delicia tramposa de chocolate y naranja

Este platillo es un ejemplo maravilloso de cómo puede tener lo mejor de dos mundos. Ha engañado incluso a los adictos al chocolate más duros y jamás me creen cuando les digo los ingredientes. Use cacao en polvo crudo si puede encontrarlo; está disponible en muchas tiendas naturistas y gourmet.

2 A 3 PORCIONES

2 aguacates muy maduros
1 naranja grande, jugo y
ralladura fina
1 cucharada de miel
3 cucharadas de cocoa de alta
calidad o cacao en polvo

Corte los aguacates a la mitad y deseche los huesos. Con una cuchara saque la pulpa y colóquela en un procesador de alimentos. Agregue los demás ingredientes y proceda a preparar un postre espeso, untuoso y parecido a un *mousse*.

Puede agregar polvo de cocoa adicional o miel para hacerlo más dulce o más chocolatoso, si gusta. Sirva en un vaso coctelero o ramequín.

Bebidas

No todo tiene que ver con lo que comemos; también lo que bebemos cuenta. Es muy fácil recurrir a opciones poco saludables, como las bebidas endulzadas y gasificadas. La mejor bebida para todos nosotros es el agua, pero es fácil hacer algunas bebidas potentes que pueden aportar más beneficios a su régimen de salud. Aquí van algunas de mis favoritas. Un par de ellas requieren juguera; estos artefactos antes eran costos y difíciles de usar, pero ya tienen buenos precios y son fáciles de usar y limpiar.

Chocolate para el desayuno: ¡hurra! A menudo se habla mal del chocolate, pero no siempre se justifica. Si le quita todo el azúcar, crema y demás porquerías que le agregan a las barras de chocolate, lo que le queda es un ingrediente realmente muy nutritivo. Y el *smoothie* de plátano y moras es un gran desayuno repleto de nutrientes.

 **SISTEMA DIGESTIVO**

 **ARTICULACIONES Y HUESOS** *Osteoporosis* **SALUD MENTAL Y SISTEMA NERVIOSO** *Ansiedad* **CORAZÓN Y CIRCULACIÓN** *Presión arterial alta*

Smoothie de plátano y moras

1 A 2 PORCIONES
2 plátanos maduros
150 g de moras mixtas congeladas
150 g de yogur probiótico de cultivos vivos
100 ml de jugo de naranja o manzana

Coloque todos los ingredientes en una licuadora y licue para obtener un *smoothie* espeso y cremoso.

Smoothie matutino de chocolate

1 PORCIÓN
250 ml de leche, o leche de soya o almendra
1 plátano
2 cucharadas de polvo de cocoa pura de alta calidad (el polvo de cacao crudo es mejor, si lo encuentra)
2 cucharaditas de miel

Coloque todos los ingredientes en una licuadora y procese para obtener un *smoothie* espeso, suculento y chocolatoso. ¡Disfrute!

Smoothie con chispa de piña

¡Garantiza ponerle chispa a su vida! Está bien, sé que suena como una combinación extraña de ingredientes, pero confíe en mí, realmente funciona. Los sabores se complementan mutuamente, así como sus beneficios nutricionales. Pruébela, ¡le encantará!

2 A 3 PORCIONES
½ piña madura grande
2 tallos de apio, más las hojas
  para decorar (opcional)
1 trozo de 2.5 cm de jengibre
  fresco

Pele la piña rebanando ambos extremos, y después rebanando hacia abajo entre la cáscara y la pulpa con un cuchillo filoso. Deseche la cáscara. Retire los puntos cafés (*ojos*) de la pulpa con la punta de un cuchillo pequeño, después córtela en trozos y colóquela en una licuadora.

Corte el apio en trozos y agréguelos a la licuadora. Pele el jengibre (una buena manera de hacerlo es raspándolo con una cucharita), y píquelo fino, después métalo a la licuadora.

Licue muy bien para preparar una *smoothie* espeso y con chispa. Puede agregar una cantidad pequeña de agua para ayudar a combinar los ingredientes o para preparar un *smoothie* menos espeso, si así lo prefiere.

Estas bebidas son potentes en serio, y ofrecen la manera perfecta de arrancar su día en forma. Soy gran fan del *lassi* de mango, y este *smoothie* es mi tributo. El té de hinojo de esta receta puede prepararlo usted mismo con las semillas o tal vez lo encuentre en bolsitas, en tiendas naturistas o gourmet.

CORAZÓN Y CIRCULACIÓN
Presión arterial alta
SISTEMA DIGESTIVO

SISTEMA DIGESTIVO
Hinchazón, Estreñimiento, IBS

Jugo para despertar

1 PORCIÓN
1 betabel crudo grande
2 manzanas *Golden Delicious*
1 trozo de 1 cm de jengibre fresco

Procese todos los ingredientes en el extractor y beba de inmediato.

Smoothie probiótico de mango

1 PORCIÓN
1 bolsita de té de hinojo, o preparado por usted con las semillas
1 mango grande y maduro, pelado
150 g de yogur probiótico de cultivos vivos
1 cucharadita de miel

Prepare una taza de té de hinojo. Deje enfriar por completo. Mida 100 ml del té frío y coloque en la licuadora.

Ponga en la licuadora el mango pelado, yogur y miel y licue para obtener una bebida suave y exquisita.

Té para la pancita
Este té sencillo sabe maravilloso y es muy potente, lo que lo vuelve ideal para cualquier problema digestivo.

1 PORCIÓN

1 cucharadita colmada de semillas de hinojo

1 cucharadita colmada de semillas de alcaravea

1 cucharadita colmada de menta seca

1 manojo de hojas de menta fresca (opcional)

Mezcle las semillas y hierbas y prepare una infusión con agua caliente. Deje en infusión durante 10 minutos, después cuele y beba a sorbos.

¡Este *smoothie* agradable y sencillo toma minutos prepararlo, y es un gran dínamo digestivo y tónico para la energía! El aceite de coco es un ingrediente fácil de encontrar hoy en día en tiendas naturistas y gourmet. La inusual, pero deliciosa combinación de arándano con apio, lo vuelve un jugo penetrante y poderoso, maravilloso para la salud del tracto urinario.

ARTICULACIONES Y HUESOS *Artritis*
SISTEMA DIGESTIVO *Hinchazón*

SISTEMAS REPRODUCTIVO Y URINARIO *Cistitis y otras infecciones del tracto urinario*

Smoothie amanecer

1 A 2 PORCIONES
1 piña pequeña muy madura, pelada y picada
1 lata de 400 ml de leche de coco
1 cucharada de aceite de coco

Coloque todos los ingredientes en una licuadora, y licue para obtener una bebida suave y exquisita. Sirva con hielo.

Explosión de arándano y apio

1 PORCIÓN
150 g de arándanos frescos
½ manzana *Golden Delicious*, cortada en gajos
3 tallos de apio

Procese todos los ingredientes en un extractor. Beba de inmediato.

PADECIMIENTOS

P PIEL

ACNÉ

El acné puede ser una condición muy angustiante, ¡lo sé por experiencia! Se trata de una infección del folículo piloso, que es donde las glándulas sebáceas secretan la sustancia grasa llamada sebo que lubrica la piel y el pelo. Si hay sobreproducción de sebo, puede llenar el poro del folículo rápidamente y se forma un punto negro. Este comienza a encerrar dentro del poro a bacterias que normalmente viven tan tranquilas en la superficie. Esto causa infección, y el sistema inmunológico entra en acción para empezar a combatirla. Los glóbulos blancos que luchan contra la infección son quienes provocan el enrojecimiento e hinchazón.

Aumente el omega 3 para disminuir la inflamación

Es factible lograr una reducción de la inflamación por medio de la dieta. La inflamación es causante del enrojecimiento e hinchazón alrededor del punto, así que reducirlo hará que parezca menos severo y luzca mejor Aumentar la ingesta de ácidos grasos omega 3 es una de las maneras más eficaces de hacerlo, pues son las unidades básicas del sistema de manejo de inflamación que forma parte del cuerpo. El omega 3 es abundante en el pescado graso o azul (como salmón, caballa y arenque) y también en algunas semillas, como la linaza y el cáñamo o *hemp*. Recomiendo que consuma alimentos ricos en omega 3 todos los días de ser posible, tratando de combinarlos. También puede reducir los aceites como el vegetal, de girasol o de maíz —eso sí, el aceite de oliva está bien—, ya que son muy altos en ácidos grasos omega 6, que pueden exacerbar la inflamación. Los antioxidantes solubles en grasa son otro factor importante para reducir la inflamación, pues se acumulan de manera natural en las capas inferiores más grasas de la piel, y ofrecen cierta reducción localizada de inflamación. Tienden a encontrarse en alimentos anaranjados, amarillos y rojos.

Aumente el zinc para reducir la infección y el sebo

De entrada, la infección en el folículo piloso es lo que hace que aparezcan los granos, así que reducir la infección será de gran beneficio. La única manera efectiva de hacer esto por medio de la dieta es favoreciendo la producción y actividad de glóbulos blancos en la sangre. El zinc es uno de los nutrientes más importantes para esto, ya que lo utilizan los leucocitos para regular su funcionamiento, que incluyen el índice y alcance con que se mueven al sitio de infección y lo defienden contra esta. El zinc también ayuda a la actividad de las glándulas sebáceas, y hay evidencia que sugiere que el consumo de zinc puede ayudar a reducir la producción de sebo. Los mariscos, granos, nueces y semillas son buenas fuentes de zinc.

Regule el azúcar en sangre

Varios ensayos clínicos han mostrado que una dieta de bajo IG (índice glucémico) es benéfica para quienes sufren de acné. Esto puede ser porque la subida repentina de azúcar en sangre libera adrenalina, que estimula a las glándulas sebáceas. Una dieta alta en carbohidratos de liberación rápida también empeora la inflamación. Una dieta de bajo IG significa reducir los carbohidratos refinados, como pan blanco, arroz blanco, pasta blanca, prefiriendo variedades integrales y en cantidades menores. También implica comer más verduras y proteínas magras. Cada comida debe consistir de todos estos elementos para que se distribuya la energía lentamente, y no se eleve en forma aguda el azúcar en sangre.

Ingredientes clave:

Salmón – rico en omega 3 antiinflamatorio
Pimiento rojo – repleto de antioxidantes solubles en grasa, como flavonoides y carotenoides
Camote, zanahoria y calabaza de Castilla (*butternut*) – muy ricos en betacaroteno, un antioxidante soluble en grasa
Langostinos – repletos de zinc para luchar contra la infección
Pepitas de calabaza – abundantes en zinc y ácidos grasos esenciales
Huevo – rico en vitaminas B, ácidos grasos esenciales ¡y también un poco de zinc!

Recetas recomendadas:

Bastoncitos de espárragos y salmón ahumado para el huevo, página 42
Ensalada *niçoise* de atún saludable para el corazón, página 72
***Dip* de pimiento rojo y frijol blanco, página 76**
El refuerzo beta, página 86
Pasta al pesto omega, página 103
Curry de camote y espinaca, página 104
Curry de langostinos para potenciar el sistema inmune, página 134
Salmón de soya-ajonjolí con vegetales y arroz al coco, página 120
Brochetas de langostinos y salmón con ensalada cítrica de quínoa, página 142

ECZEMA

El eczema es uno de los padecimientos de piel más comunes. En esencia, es una lesión inflamatoria causada por una reacción agresiva del sistema inmune a algo en el ambiente: una reacción de hipersensibilidad. Esta respuesta ocasiona que aparezcan áreas de inflamación que se volverán rojas, hinchadas y con un prurito impresionante mientras el sistema inmune entra en aceleración. Una vez que se calman un poco las cosas, el daño a la piel por el brote hace que las células de la piel mueran más rápidamente, lo que produce piel reseca y escamosa.

Aumente la ingesta de omega 3

Estos ácidos grasos vitales son uno de los aliados más poderosos en la lucha contra la inflamación. Uno de los principales subproductos que fabrica nuestro cuerpo al metabolizarlos son las prostaglandinas, que ayudan a manejar la respuesta inflamatoria. Algunas prostaglandinas activan la inflamación y la empeoran, mientras que otras la pueden aplacar. El cuerpo produce el tipo necesario en respuesta a la situación interna. Sin embargo, los hábitos dietéticos también pueden influir en esta situación, y distintas grasas dietéticas se metabolizan para formar diferentes tipos de prostaglandinas. El omega 3 se convierte en el tipo que aplaca la inflamación, así que al consumirlo, ayudamos a nuestro cuerpo a reducir la inflamación. Recomendaría ampliamente que consuma pescado graso una vez al día, y use aceite de semilla de linaza, en *dips* o aderezos, ya que este aceite es muy rico en omega 3.

La otra parte del acertijo del omega es reducir su consumo de ácidos grasos omega 6. Estos son ácidos grasos de vital importancia, pero solo los necesitamos en pequeñísimas cantidades, y cualquier exceso se metaboliza hacia un grupo proinflamatorio de prostaglandinas. Casi todos consumimos más de 23 veces la cantidad que necesitamos al día. La mayor parte del omega 6 se encuentra en los aceites vegetales, como el aceite de girasol y las margarinas, que abundan en alimentos procesados. Entonces, el mensaje es sencillo: utilice aceite de oliva para cocinar, evite la margarina, y evite los alimentos procesados como si fueran plaga.

Aumente los antioxidantes solubles en grasa

Todos hemos escuchado hablar de los antioxidantes y sabemos que nos hacen bien. Sin embargo, los hay de distintos tipos: algunos son solubles en agua, lo que significa que permanecen en el cuerpo por un tiempo limitado y después se desechan por medio de la orina. Los otros son solubles en grasa, lo que significa que buscan meterse en los tejidos grasos del cuerpo, incluidas las capas inferiores grasas de la piel, donde pueden almacenarse. Cuando consumimos suficientes antioxidantes solubles en grasa, se pueden acumular en estas capas y tener efectos localizados. Los antioxidantes son moderadamente antiinflamatorios, así que pueden ayudar a manejar la inflamación durante un brote. Abundan en alimentos anaranjados, rojos, amarillos y rosados.

Ingredientes clave:

Pescados grasos o azules (salmón, caballa, anchoas, arenque) – repletos de omega 3 antiinflamatorio
Aceite de oliva – bajo en omega 6, contiene algo de omega 3
Pimientos rojos – abundantes en antioxidantes solubles en grasa
Camotes, calabaza de Castilla (*butternut*), zanahorias – llenos de betacarotenos (el pigmento anaranjado), un poderosísimo antioxidante soluble en grasa

Langostinos – ricos en astaxantina, un potente antioxidante soluble en grasa

Recetas recomendadas:

Sopa de lentejas rojas con calabaza de Castilla y ajo asados, página 56
Sándwich abierto de verduras asadas y guacamole, página 62
Pizza griega sobre pita, página 70
Gajos de betabel asado con aguacate y rábano picante, página 82
Curry de camote y espinaca, página 104
Pimientos rojos rellenos de queso de cabra a las finas hierbas, página 106
Ensalada antioxidante con aderezo de mostaza y naranja, página 109
Filetes de atún con gajos de camote y verduras de hoja verde, página 118

PSORIASIS

La psoriasis es un desorden de la epidermis bastante común y que afecta la rotación de células de la piel. Estas células se forman en la capa inferior de la piel, y comienzan a abrirse paso hacia fuera a medida que las células que las cubren mueren y se caen. En la psoriasis, este proceso se vuelve un poco caótico y se mueve a un paso más acelerado. La causa no se entiende del todo, pero hoy se cree que se trata de una condición autoinmune, donde el propio sistema inmune se voltea contra sí mismo. Se piensa que un tipo de glóbulo blanco llamado célula T penetra la dermis de la piel y libera mensajes químicos llamados citoquinas que provocan respuestas inflamatorias locales, lo que a su vez hará que las células normales de la piel mueran mucho más rápido, y las nuevas células tengan incluso más rotación. Esta inflamación podría explicar el enrojecimiento e irritación que ocurren en la primera etapa de un brote de psoriasis. El aumento en la rotación de células de la piel es el culpable de la etapa característica plateada, escamosa y agrietada de la lesión.

Aumente la ingesta de omega 3 antiinflamatorio

Esto en sí puede reducir mucho la severidad de la psoriasis, y ciertamente hace que luzca menos intensa. Los ácidos grasos omega 3 son de los mejores componentes dietéticos para el manejo de la inflamación, en particular los de pescados grasos, conocidos como EPA y DHA, que se metabolizan para formar una serie de compuestos que se comunican, llamados prostaglandinas, que regulan la respuesta inflamatoria. Hay diferentes tipos de prostaglandinas, pero las de EPA son muy potentes, y pueden reducir el enrojecimiento asociado con la psoriasis.

Consuma más frutas y verduras naranjas, amarillas y rojas

Estos colores tienden a ser abastecidos por un grupo de compuestos llamados carotenoides, potentes antioxidantes solubles en grasa. Todos hemos oído decir millones de veces que los antioxidantes nos hacen bien, pero no todos los antioxidantes son iguales, y no todos hacen lo mismo. Pueden categorizarse de dos maneras muy claras. Algunos son solubles en agua y no se almacenarán en el cuerpo; distribuyen sus acciones en nuestra circulación general por un tiempo limitado y después se eliminan por la orina. Otros antioxidantes, como los carotenoides, son solubles en grasa. Esto significa que de manera natural migran a los tejidos grasos, como la capa subcutánea de la piel, donde se pueden acumular y estar en espera para repartir sus acciones localmente. Su actividad antiinflamatoria puede reducir el enrojecimiento e hinchazón.

Consuma alimentos ricos en quercetina

La quercetina es un compuesto fitoquímico que suele considerarse como un antihistamínico natural. Esto es cierto, pero la quercetina también comienza a mostrar cierto potencial en el tratamiento de problemas de la piel, pues inhibe la actividad de la enzima fosfolipasa, que retira de nuestras células un ácido graso llamado ácido araquidónico, el cual después se transforma en un compuesto que estimula la inflamación. Reducir la liberación de este ácido graso reduce la inflamación y el enrojecimiento.

Aumente su ingesta de vitamina B

Estos nutrientes, de los que a veces tenemos deficiencia, son vitales para la salud general de la piel. Determinan muchas respuestas, incluida la regulación del cambio de células de la piel y la microcirculación a las capas exteriores de la piel, mejorando el tono de esta.

Ingredientes clave:
Caballa – repleta de omega 3 antiinflamatoria
Camotes, calabaza de Castilla (*butternut*), zanahorias – llenos de carotenoides, los potentes antioxidantes solubles en grasa
Pimientos rojos – otra rica fuente de antioxidantes solubles en grasa
Cebollas, poros, ajos – repletos de quercetina
Aguacate – rico en vitamina E antioxidante soluble en grasa
Arroz integral – rico en vitaminas B
Langostinos – abundantes en zinc y selenio

Recetas recomendadas:
El refuerzo beta, página 86
Guacamole para vigorizar la piel, página 92
Pimientos rojos rellenos de queso de cabra a las finas hierbas, página 106
Camotes asados con humus omega, página 110
Pimientos asados con puré de frijoles blancos, página 116
Salmón a la parrilla con puré de zanahoria especiada y espinaca, página 138

A ARTICULACIONES Y HUESOS

ARTRITIS (REUMATOIDE)

La artritis reumatoide es una condición autoinmune en la que el sistema inmunológico de nuestro cuerpo ataca el revestimiento de la articulación, causando que se inflame. Esto puede llevar a la destrucción de estructuras dentro de la articulación, e incluso al desfiguramiento de la articulación misma. Aunque la causa de raíz es una disfunción en el sistema inmune, el manejo de la inflamación es una de las áreas clave donde la dieta puede ofrecer la mayor ayuda. No ofrecerá una alternativa al tratamiento médico habitual, pero mejorará por mucho su autogestión de la condición.

Aumente la ingesta de omega 3 para manejar la inflamación

Aumentar el consumo de ácidos grasos omega-3, las *grasas buenas* de las que oímos hablar tanto, puede ayudar con la inflamación. Estos son los componentes básicos de un grupo de químicos de comunicación que reducen la respuesta inflamatoria. Hay varios tipos de omega 3, fundamentales para el manejo efectivo de la inflamación. Recomiendo comer más pescados grasos, pues contienen los mayores niveles y espectro más amplio de omega 3. La British Dietetic Association recomienda 2 a 3 porciones por semana, pero si puede comer más, ¡estupendo! Si es vegetariano, consumir semillas y aceite de linaza ayuda mucho a lograr el balance justo, y debería considerar tomar suplementos. Los antioxidantes también ayudan, ya que logran reducir algunos de los radicales libres que se liberan durante la respuesta inflamatoria, y pueden exacerbarla.

Ingredientes clave:
Pescados grasos o azules (salmón, arenque, caballa, sardinas, anchoas) – ricos en el importantísimo omega 3
Piña – contiene la enzima antiinflamatoria bromelina
Cúrcuma – contiene curcuminoides, coloridos pigmentos antiinflamatorios
Apio – contiene 3-n-butilftalida, un analgésico natural
Frutas y verduras de colores brillantes – repletos de antioxidantes

Recetas recomendadas:
Bastoncitos de espárragos y salmón ahumado para el huevo, página 42
Sopa thai de pescado, página 50
Gazpacho, página 58
El refuerzo beta, página 86
Curry de camote y espinaca, página 104
Salmón de soya-ajonjolí con vegetales y arroz al coco, página 120
Brochetas de langostinos y salmón con ensalada cítrica de quinoa, página 142

BURSITIS

La bursitis es una inflamación de las bolsas sinoviales o bursas, los sacos rellenos de fluidos en las articulaciones que proporcionan amortiguación donde el hueso, músculo y tendones se frotan entre sí, permitiendo el movimiento uniforme y preciso. La inflamación puede surgir de algún trabajo manual, regímenes de ejercicio demandantes o lesiones en las articulaciones. La bursitis a menudo es dolorosa, y nada puede sustituir los potentes antiinflamatorios recetados por su médico. Sin embargo, su dieta puede sin lugar a dudas mejorar su acción, y realmente ayudarle en el camino a la recuperación.

Aumente los omega 3 para el manejo de la inflamación

Las estrellas de nueva cuenta son los ácidos grasos omega 3, los componentes de un grupo de químicos de comunicación que reducen la respuesta inflamatoria. Existen varios tipos de omega 3, todos importantes. Recomiendo comer más pescados grasos o azules, pues contienen los niveles más altos y el espectro más amplio de omega 3. Si es vegetariano, consuma semillas y aceite de linaza para obtener el equilibrio correcto, y puede tomar suplementos. La cúrcuma también ha sido estudiada por su actividad antiinflamatoria. Un grupo de compuestos llamados curcuminoides (que le dan el color anaranjado) bloquean ciertos aspectos de la respuesta inflamatoria.

Ingredientes clave:

Pescados grasos o azules (salmón, caballa, arenque) – repletos de omega 3 antiinflamatorio
Aceite de oliva en lugar de otros aceites de cocina – este aumenta el omega 3 y reduce el omega 6, un lípido que puede empeorar la inflamación consumido en exceso
Cúrcuma – antiinflamatorio
Futas y verduras de colores brillantes – altamente antioxidantes, lo que ayuda a reducir la inflamación

Recetas recomendadas:

Ensalada de poder púrpura, página 78
Pasta al pesto omega, página 103
Curry de camote y espinaca, página 104
Camotes asados con humus omega, página 110
Filetes de atún con gajos de camote y verduras de hoja verde, página 118
Salmón a la parrilla con puré de zanahoria especiada y espinaca, página 138

OSTEOPOROSIS

La osteoporosis es provocada por una pérdida de densidad ósea, lo que aumenta el riesgo de fracturas. Alrededor de los 35 años, la densidad ósea comienza a disminuir, y ciertas elecciones de vida aceleran el proceso: el sedentarismo, estar por debajo del peso y el alcohol en exceso pueden empeorar esta situación. Las mujeres menopáusicas tienen mayor riesgo de osteoporosis, pues el estrógeno está relacionado con mantener la densidad ósea, y cuando empieza a decaer, esto tendrá repercusiones negativas para el esqueleto.

Aumente la ingesta de vitamina D

La vitamina D es uno de los componentes que más falta nos hace para la salud de los huesos. El calcio es el material estructural del que están formados los huesos, pero sin los nutrientes auxiliares que lo ayuden a hacerlo, no sirve de mucho. La vitamina D es vital para obtener cantidades adecuadas de calcio en la corriente sanguínea. Nuestra fuente principal de vitamina D es la transformación del colesterol en los precursores de vitamina D cuando la piel se expone a la radiación UV por medio de la luz solar. Dependiendo del lugar donde viva, este puede ser un problema, así que es esencial buscar también la mayor cantidad posible de fuentes alimenticias ricas en vitamina D.

Aumente los alimentos ricos en magnesio

El magnesio es otro nutriente olvidado pero vital para un esqueleto sano, y juega un papel importante en la manera que se metaboliza y utiliza el calcio. Se requiere para la formación correcta de calcitriol, la forma activa de vitamina D encargada de aumentar los niveles de calcio en sangre. Una ingesta adecuada de magnesio también reduce la liberación de la hormona paratiroidea (HPT), la cual provoca una mayor liberación de calcio del esqueleto, algo que debemos evitar a como dé lugar en la osteoporosis.

Aumente los alimentos ricos en fitoestrógeno

Para las mujeres menopáusicas, el consumo de alimentos ricos en fitoestrógenos puede ayudar a reducir la pérdida de densidad ósea al proporcionar al cuerpo compuestos parecidos al estrógeno.

Aumente el pescado graso

Hoy sabemos que un tipo de ácido graso omega 3, llamado DHA, participa en el mantenimiento de huesos más fuertes. Aunque es posible obtener DHA derivado de las plantas en forma de suplementos, el pescado graso es una manera rápida y sencilla de obtener cantidades adecuadas cada día.

Ingredientes clave:

Huevos – ricos en vitamina D
Queso feta y de cabra – ricos en calcio y vitamina D
Col rizada – una fuente densa de magnesio
Pasta miso – una fuente riquísima de fitoestrógenos
Salmón – colmado del ácido graso omega-3, DHA
Caballa, anchoas – altos en vitamina D y DHA

Recetas recomendadas:

Revuelto de espinaca y feta, página 31
Sopa verde tranquilizante, página 52
Ensalada *niçoise* de atún saludable para el corazón, página 72
Paté de caballa ahumada (macarela) cero estrés, página 92

RAQUITISMO Y OSTEOMALACIA

El raquitismo es un ablandamiento serio de los huesos que ocurre en los niños, mientras que la osteomalacia es un ablandamiento parecido de los huesos que se manifiesta en los adultos. Ambos padecimientos están relacionados con niveles bajos de calcio provocados por falta de vitamina D, la cual regula la manera en que el cuerpo utiliza el calcio. Tal deficiencia puede afectar drásticamente la cantidad de calcio que absorbemos de nuestros alimentos. Estos padecimientos solían ser cosa del pasado, pero en años recientes han comenzado a brotar de nuevo. Se cree que puede haber varios factores detrás de ello, pero la combinación de una dieta pobre y falta de sol puede contribuir.

Aumente la ingesta de vitamina D
Nuestra fuente principal de vitamina D es la conversión del colesterol en precursores de vitamina D cuando la piel se expone a radiación UV, en otras palabras, ¡al sol! Sin embargo, existen algunas buenas fuentes dietéticas de vitamina D que pueden ayudar a compensar el déficit que algunos experimentamos.

Aumente la ingesta de calcio de alta calidad
Mucha gente con estos padecimientos acude a los suplementos para encontrar un remedio a su déficit de calcio. Esto puede ser útil en ciertas circunstancias, con un médico que lo guíe, pero por lo general el calcio que se encuentra en estos suplementos es de mala calidad y no se absorbe muy bien. Recientemente se han relacionado los suplementos de calcio (sin la orientación correcta) con problemas del corazón y riñones. Por eso siento que es mejor enfocarse en fuentes nutritivas. Sin embargo, esto no significa que haya que tragar litros y litros de leche, pues esto acarrea sus propios problemas. Los lácteos pueden ser una buena fuente de calcio dietético, pero existen muchísimas más. Muchas verduras verdes, nueces, semillas, frijoles e incluso pescados son fuentes útiles. Cuanto mayor la variedad que consuma, mejor, en mi opinión.

Ingredientes clave:
Caballa, salmón – repletos de vitamina D
Anchoas – vitamina D y atiborradas de calcio
Huevos – vitamina D y calcio
Almendras – una gran fuente de calcio fácil de absorber
Queso feta y de cabra, yogur – ricos en calcio y fáciles de digerir

Recetas recomendadas:
Revuelto de espinaca y feta, página 31
Sopa verde tranquilizante, página 52
Pimientos rojos rellenos de queso de cabra a las finas hierbas, página 106
Tarta de betabel, cebolla morada y queso de cabra, página 130

R SISTEMA RESPIRATORIO

ASMA
El asma es una inflamación localizada de los bronquiolos (diminutas vías en los pulmones) provocada por una sensibilidad a disparadores ambientales: polvo, contaminantes y ácaros. Cuando somos expuestos a estos estímulos, el sistema inmune responde, provocando una inflamación. Esto contrae las vías aéreas dificultando la respiración. No creo que la comida sea una causa frecuente, pero sí creo que la ingesta de ciertos alimentos y nutrientes mejorará las cosas.

Aumente el omega 3 para reducir la inflamación
La dieta puede ayudar mucho a reducir la inflamación. Algunos de los reguladores más potentes de la inflamación son los ácidos grasos omega 3, abundantes en los pescados grasos, aceite de oliva, nueces, semillas y aceite de linaza.

Consuma alimentos mediterráneos
Algunos estudios han asociado la dieta mediterránea con una menor incidencia de síntomas de asma. Esto tiene sentido, pues es rica en frutas, verduras, aceite de oliva y pescados, y baja en grasas saturadas y carbohidratos refinados. Con su abundancia de omega 3, antioxidantes y vitaminas.

Aumente la vitamina C para reducir la histamina
La histamina, el químico liberado por los glóbulos blancos durante la respuesta alérgica, es el catalizador que dispara la inflamación. Hace que se inflamen y constriñan las vías aéreas. Las cebollas contienen quercetina, la cual reduce la cantidad de histamina liberada. Los alimentos ricos en vitamina C, como pimientos rojos, cítricos y espinaca, también reducen la liberación de histamina.

Ingredientes clave:
Pescados grasos o azules (salmón, anchoas, arenque, caballa) – ricos en omega 3 antiinflamatorio
Linaza – abundante en omega 3 antiinflamatorio
Cebollas – llenas de quercetina antihistamínica
Pimientos rojos, cítricos, espinaca – vitamina C
Salsa de rábano picante (*horseradish*) – se cree que dilata las vías respiratorias

Recetas recomendadas
Ensalada *niçoise* de atún saludable para el corazón, página 72
Pasta al pesto omega, página 103
Pimientos asados con puré de frijoles blancos, página 116
Salmón de soya-ajonjolí con vegetales y arroz al coco, página 120
Salmón al horno con corteza de hierbas omega, página 132
Caballa marinada con betabel y rábano picante, página 140

SISTEMA INMUNE

RESFRIADOS Y GRIPE

No hay cura para el resfriado común, pero creo firmemente que podemos hacer muchas cosas que nos hagan sentir mejor al reducir los síntomas, y también al mejorar la manera que tiene nuestro cuerpo de lidiar con infecciones así. Los virus del resfriado y gripe atacan el tracto respiratorio, como la nariz y la garganta. Cuando se meten en estos tejidos y empiezan a hacer de las suyas, nuestro sistema inmune responde enviando un ejército de glóbulos blancos al área para matar al virus. Es el sistema inmune que trata de controlar la infección el que nos desata los síntomas asociados con el resfriado y la gripe.

Mejore su sistema inmune

Este es un tema polémico, pero algunos alimentos han mostrado resultados positivos en varios tipos de estudios. Los hongos *shiitake* y las bayas de *goji* contienen azúcares activos únicos llamados polisacáridos. Estos han demostrado ciertos efectos interesantes en nuestro sistema inmune, y se ha comprobado que los polisacáridos del *shiitake* aumentan la producción de glóbulos blancos o leucocitos; cuantos más produzcamos durante una infección, en mejor posición nos encontraremos para lidiar con esta efectivamente. Nuestro cuerpo aumenta la producción de leucocitos durante una infección, pero los hongos *shiitake* pueden incrementarla incluso más. Se ha mostrado una actividad similar en los polisacáridos de las bayas de *goji*, pero a la fecha la investigación es más limitada. Se necesita hacer más, pero hay indicios de que también aumentarían nuestro recuento de glóbulos blancos. El zinc también puede aumentar la respuesta inmunológica. Los leucocitos utilizan el zinc para codificar el ADN, que funciona como un mecanismo de control interno para la célula, ayudándola a responder a invasores y patógenos. Muchos ensayos clínicos han indicado que un aumento en nuestra ingesta de alimentos ricos en zinc puede mejorar la resiliencia a las infecciones, y también el tiempo que toma recuperarse de estas.

Coma más ajo

El ajo es reconocido por ser un potente antiviral. A diferencia de la mayoría de los compuestos que se desechan por medio de los riñones e intestinos, los aceites esenciales del ajo se eliminan por la respiración. Mientras pasan por el tracto respiratorio, pueden exterminar a los bichos y virus que acechan por ahí, en espera de provocar problemas.

Reduzca la inflamación

Los tejidos en las vías respiratorias superiores se inflaman durante los resfriados y gripes mientras el sistema inmune lidia con la infección. Reducir esta inflamación ayuda mucho a sentirnos más humanos otra vez. Uno de mis ingredientes favoritos cuando tengo un síntoma de gripe, «tan temida por los hombres», ¡es el fiel jengibre de siempre! Este contiene un ingrediente antiinflamatorio muy potente; es parte de la química que le da al jengibre su intenso aroma especiado y funciona bloqueando la manufactura de compuestos que activan la inflamación. Los ácidos grasos omega 3 en alimentos como pescados grasos y semillas de linaza también son de gran valor para apoyar al cuerpo en producir sus propios compuestos antiinflamatorios naturales.

Ingredientes clave:

Hongos *shiitake* – poderosos polisacáridos que apoyan la función inmune
Ajo – antiviral
Jengibre – antiinflamatorio
Chiles – descongestionan
Bayas de goji – indicios de que apoyan la función inmune
Camotes – ligeros antiinflamatorios
Agua, mucha – derrota la deshidratación producida por la fiebre que menudo acompaña la gripe y los resfriados
Langostinos – colmados de zinc
Coco – contiene ácido láurico, un antiviral natural

Recetas recomendadas
Espinaca, jitomate y hongos *shiitake* sobre pan tostado, página 40
Famosa sopa contra la gripe, página 48
Santo *shiitake*, página 68
Curry de langostinos para potenciar el sistema inmune, página 134

SISTEMA METABÓLICO

DIABETES (TIPO 2)

La diabetes más común es la tipo 2, y está relacionada con la dieta y el estilo de vida. Ocurre cuando el sistema de manejo de azúcar en sangre de nuestro cuerpo empieza a fallar. Cuando se libera la energía de la comida en el flujo sanguíneo en forma de glucosa, se produce una hormona llamada insulina para sacar el azúcar de la sangre, llevarla a las células y convertirse en energía. El azúcar en sangre también necesita mantenerse a nivel bajo para la salud de muchos tejidos. Sin embargo, muchos de nosotros consumimos demasiados alimentos que provocan enormes aumentos en los niveles de azúcar en sangre, como pan blanco, arroz blanco, pasta blanca y bebidas y bocadillos azucarados. Estos sueltan su glucosa muy rápido, y la respuesta del cuerpo es una liberación masiva de insulina para sacarla de la circulación sanguínea con la mayor rapidez posible. Eso está bien de vez en cuando, pero si lo hacemos regularmente, los glóbulos comienzan a ignorar lo que les dice la insulina, y como resultado están menos dispuestos a absorber el exceso de azúcares. Así que nuestro azúcar en sangre permanece alto, y esto provoca muchos problemas. Este es el principio de la diabetes tipo 2, y se conoce como resistencia a la insulina.

Coma una dieta de bajo IG

Esto significa consumir alimentos que liberen su energía gradualmente, evitando así picos repentinos del azúcar en sangre. El primer paso es dejar para siempre los carbohidratos refinados —alimentos como el pan blanco, arroz blanco, pasta blanca, chocolates, bocadillos y bebidas azucarados—. Están repletos de azúcares simples que no se necesita ningún esfuerzo digestivo para liberarlos, y por lo tanto entran rápidamente en la corriente sanguínea, subiendo los niveles de azúcar en sangre hasta el cielo. Prefiera las versiones integrales de panes y pastas, y guarde los manjares especiales como los chocolates para ocasiones muy, muy especiales. Es incluso más benéfico reducir la ingesta de carbohidratos en general. Coma porciones mucho menores de carbohidratos de las que siempre acostumbró. Después, asegúrese de comer carbohidratos complejos de buena calidad (como granos integrales, arroz integral o quínoa) con una proteína eficaz en cada comida, y preferiblemente también una grasa de buena calidad. Las comidas compuestas de esta manera toman más tiempo en digerirse y liberan su energía lenta y consistentemente, sin esos problemáticos picos de azúcar en sangre.

Aumente la ingesta de omega 3

Investigaciones recientes sugieren que los ácidos grasos omega 3 en nuestras células pueden volver a los receptores de insulina más sensibles a la señalización de la insulina. Estos receptores están integrados a las paredes de nuestras células. Los ácidos grasos de la comida también forman parte de la estructura de estas paredes y receptores. Distintos ácidos grasos afectarán la manera en que funcionan la membrana de la pared celular y los receptores. Los ácidos grasos omega 3 suelen mostrar una mejoría en las funciones de muchas facetas de las membranas celulares y receptores.

Un poco de chocolate puede hacerle bien

Algunos estudios han demostrado que un consumo regular de un poquito de chocolate amargo puede mejorar la respuesta a la insulina. Se piensa que los compuestos de flavonol en el chocolate son responsables de ello. La manera exacta en que estos compuestos llevan a cabo este efecto sigue siendo poco clara, ¡pero estoy seguro de que será una buena noticia para algunos! Busque el chocolate amargo de menos azúcar y mejor calidad posible.

Ingredientes clave:

Granos de bajo IG (como arroz integral, quínoa, trigo bulgur) – mucho menor IG que sus parientes refinados
Proteínas magras como pescados grasos, tofu, huevos – estas son maestras en el control de la respuesta glucémica a los alimentos, y los pescados grasos están colmados de omega 3
Alcachofa – contiene inulina, que estabiliza los niveles de azúcar en sangre
Canela – posiblemente juega un papel en el balance del azúcar en sangre

Recetas recomendadas:

Revuelto de espinaca y feta, página 31
Kedgeree para arrancar, página 44
Sopa de jitomate y lentejas, página 54
Sándwich *decker* sencillo de centeno y huevo cremoso con arúgula, página 64
Trucha ahumada y ensalada de quínoa, página 115
Filetes de atún con gajos de camote y verduras de hoja verde, página 118

N SALUD MENTAL Y SISTEMA NERVIOSO

ANSIEDAD

El Trastorno de Ansiedad Generalizada (TAG) o ansiedad es un problema muy común, y lo es cada vez más. Los síntomas pueden incluir palpitaciones, sudor, dificultades al respirar e hiperventilación, mareos, excitabilidad mental, y sentimientos de temor o intensa preocupación. Ahora, la dieta nunca será su salvación, pero sin duda ayudará. Si le han prescrito medicamentos para la ansiedad, es importante que no deje de tomarlos. Las estrategias dietéticas mencionadas a continuación funcionarán de maravilla aunadas con estos. ¡Seguro y delicioso!

Equilibre los niveles de azúcar en sangre

Una de las maneras más rápidas de hacer que su mente desvaríe es comer carbohidratos de liberación rápida como las bebidas, bocadillos azucarados y pan blanco. Causan una elevación de azúcar y un aumento en la adrenalina que puede hacernos sentir sobreexcitados y nerviosos. ¡La adrenalina es a la ansiedad lo que la gasolina es a una fogata! Además, el cuerpo tiene que lidiar con este azúcar a paso veloz, y todo lo que sube tiene que bajar, así que acabamos con un bajón. Esto provoca bajos estados de ánimo y confusión mental. Una dieta de índice glucémico (IG) bajo mantendrá estables y consistentes los niveles de azúcar en sangre, manteniendo los ánimos inalterables y previniendo cambios repentinos de ánimo y confusión mental. Para seguir una dieta de bajo IG, elimine los carbohidratos refinados como bebidas y bocadillos azucarados, pan blanco, arroz blanco y pasta blanca. Prefiera panes, pasta y arroces integrales, y siempre incluya en abundancia las grasas buenas (véase abajo). Coma alimentos que liberan sus azúcares mucho más lento y no desequilibran el balance de azúcar en sangre. La mayoría de los platillos en este libro son de bajo IG.

Aumente la ingesta de omega 3

Los ácidos grasos omega 3 han sido estudiados ampliamente por su efecto sobre las funciones cerebrales, incluida la ansiedad, y muchos estudios han demostrado una mejora notable en los síntomas. La manera exacta en que esto funciona no se entiende del todo, pero sabemos que ayuda con el señalamiento y comunicación dentro del cerebro. También se cree que el omega 3 puede ayudar en la liberación de químicos del cerebro que nos hacen sentir bien, ayudando a levantar el estado de ánimo. El omega 3 puede también controlar la inflamación al hacer que el cuerpo manufacture sus propios compuestos antiinflamatorios. Es más abundante en los pescados grasos, que contienen el espectro completo de ácidos grasos omega 3 necesarios para la salud mental. Incluya la mayor cantidad posible de salmón, caballa, arenque y atún fresco en su dieta. Si es vegetariano, puede aumentar su ingesta de semillas como la linaza, pero es posible que necesite considerar el uso de suplementos.

Aumente los alimentos ricos en magnesio

Muchos ensayos clínicos han mostrado que el magnesio es un factor importante en la ansiedad. Participa en la relajación física, incluida la relajación de los músculos esqueléticos, y también en la regulación de muchos sistemas enzimáticos del cuerpo. No es claro que el magnesio afecte al sistema nervioso directamente, pero al favorecer la relajación muscular, sin duda nos hará sentir más relajados. Los alimentos ricos en magnesio incluyen hortalizas de hojas verdes, nueces y semillas.

Ingredientes clave:
Granos de bajo IG (como arroz integral, quínoa, trigo bulgur) – un IG menor al de sus parientes refinados
Pescados grasos (salmón, caballa, arenque, atún, anchoas) – repletos de ácidos grasos omega 3
Semillas de girasol – fuente rica en magnesio
Col rizada (*kale*) – rica en magnesio
Chocolate amargo / cacao en polvo – muy rico en magnesio

Recetas recomendadas:
Revuelto de espinaca y feta, página 31
Sopa thai de pescado, página 50
***Stir-fry satay* de verduras de hoja verde, página 75**
Frijoles blancos al ajo con col rizada (*kale*) y parmesano, página 84
Camotes asados con humus omega, página 110
Salmón de soya-ajonjolí con vegetales y arroz al coco, página 120
Brochetas de langostinos y salmón con ensalada cítrica de quínoa, página 142
***Smoothie* matutino de chocolate, página 155**

DEPRESIÓN

Los que jamás han experimentado la depresión la comprenden muy poco, y a veces la perciben como algo de lo que podemos salir de un momento a otro. Pero ya existe mucha evidencia para demostrar que es tanto bioquímica como psicológica, y probablemente una interacción de ambas. No entendemos plenamente lo que ocurre en el cerebro durante una depresión, pero es probable que haya cambios bioquímicos, y que los factores ambientales, físicos y emocionales puedan provocar este desorden.

Consuma proteína y carbohidratos complejos juntos en cada comida

Mantener estables nuestros niveles de azúcar en sangre es importante para todas las cuestiones relacionadas con el cerebro y el estado de ánimo. Las fluctuaciones del azúcar en sangre pueden afectar nuestra concentración, ánimo, enfoque, capacidad de pensar con claridad, y eso sin mencionar nuestros niveles energéticos. Al combinar la proteína con carbohidratos complejos (como granos integrales, arroz integral o quínoa), digeriremos mucho más lento, y la energía se liberará de manera regular y consistente. Esto hará que el azúcar en sangre mantenga niveles estables. Las proteínas también contienen un aminoácido llamado triptófano, el cual en el cerebro se convierte en una sustancia llamada serotonina, el químico cerebral que nos hace sentir bien. Este aminoácido necesita un poco de ayuda para atravesar lo que se llama *la barrera de sangre cerebral*, para entrar al cerebro y ser transformada en serotonina. Una elevación sutil en insulina (el químico liberado cuando comemos alimentos ricos en carbohidratos que le dicen a nuestras células que absorban los azúcares de nuestro flujo sanguíneo) puede ayudar en esto. Consumir comidas ricas en proteína con un carbohidrato complejo proporcionará una buena fuente de triptófano y dará un pequeño aumento en insulina para llevarlo a donde debe llegar.

Consuma comidas ligeras y regulares
Consumir comidas más ligeras cada 2 o 3 horas puede resultar mejor que sentarse a comer tres comidas grandes al día, pues ayudará a regular los niveles de azúcar en sangre.

Coma más pescado graso
El pescado graso es único en contener el espectro total de tipos de ácidos grasos omega 3, incluida la EPA, que no se encuentra en las fuentes vegetales. La EPA se ha estudiado mucho en relación a la depresión, y hay resultados alentadores, incluida la elevación del ánimo y mayor de concentración. No se han encontrado efectos similares en el omega 3 de fuentes vegetales. Los pescados grasos como el salmón y la caballa son las mejores fuentes de EPA.

Aumente su ingesta de vitamina B
Estos nutrientes esenciales participan en la función cerebral, incluida la producción de neurotransmisores en el cerebro. Varios estudios han relacionado niveles bajos de B12 con síntomas de depresión, y un aumento en B12 con una mejor respuesta a los tratamientos para la depresión. Consuma granos enteros como arroz integral, quínoa, trigo bulgur, hongos, espárragos, huevo y extracto de levadura.

Ingredientes clave:
Pescado graso (salmón, caballa, arenque) – fuentes ricas en el EPA ácido graso omega 3
Arroz integral – rico en vitaminas B
Huevos – ricos en vitaminas B, incluida la vitamina B12

Recetas recomendadas:
Frittata mediterránea a las finas hierbas, página 36
Kedgeree para arrancar, página 44
Sopa thai de pescado, página 50
Salmón de soya-ajonjolí con vegetales y arroz al coco, página 120
Brochetas de langostinos y salmón con ensalada cítrica de quínoa, página 142

INSOMNIO
Una buena dosis de 6 a 8 horas de sueño cada noche es esencial para la reparación y mantenimiento correctos del cuerpo. Cualquier cantidad menor a esta norma regular puede resultar pésimo para nuestra salud. Pero no hay un factor único que cause el insomnio, puede relacionarse con la preocupación, el exceso de consumo de cafeína o alcohol, o ser señal de alguna enfermedad subyacente más seria. El insomnio persistente debe notificarlo a su médico, pero episodios ocasionales pueden responder muy bien con una alimentación adecuada.

Aumente los alimentos ricos en triptófano
El triptófano es un aminoácido natural, componente químico del neurotransmisor llamado melatonina. Este químico fija los patrones de sueño, y puede ayudarnos a obtener un sueño más largo y profundo. Las fuentes dietéticas del triptófano, al consumirse con un carbohidrato complejo (que ayuda a que llegue donde se necesita: el cerebro), puede ayudarnos a quedar dormidos y hacer que permanezcamos ahí.

Aumente la ingesta de magnesio
El magnesio es un potente relajante muscular. El consumo de un poco de magnesio adicional por la tarde nos puede ayudar a relajarnos más físicamente y conciliar el sueño con mayor facilidad.

Evite los carbohidratos refinados
Como el pan blanco, arroz blanco, pasta blanca, bebidas y bocadillos azucarados. Este tipo de carbohidrato refinado puede elevar nuestro azúcar en sangre hasta los cielos, causando trances de irritabilidad y una mente excitable, y evitará que podamos desconectarnos. Sus primos los carbohidratos complejos, sin embargo, son útiles porque nos ayudan con la absorción del triptófano.

Ingredientes clave:
Plátanos – ricos en triptófano
Cerezas – ricas en melatonina, hormona que induce al sueño
Hortalizas de hojas verdes – repletas de magnesio
Atún – fuente rica en triptófano
Granos de bajo IG (como arroz integral, quínoa, trigo bulgur) – mucho menor IG que sus parientes refinados.

Recetas recomendadas:
Barras de plátano, cacahuate y avena, página 98
Ensalada de col rizada y papitas, con salsa de cacahuate y chile, página 114
Filetes de atún con gajos de camote y verduras de hoja verde, página 118
Crumble especiado de cerezas para las buenas noches, página 146

MIGRAÑA

Las migrañas causan gran miseria a muchas personas, pero son poco comprendidas. Sabemos que los vasos sanguíneos en la cabeza y cuello se contraen, y después se dilatan rápidamente en respuesta a un estímulo de algún tipo. Se cree que la constricción es responsable de muchos de los disturbios visuales que experimentan quienes sufren migrañas, y la subsecuente dilatación repentina causa el dolor de cabeza. Para algunos, esto se vincula con disparadores como el vino tinto y el chocolate, o incluso con bajos niveles de azúcar en sangre. Para otros, puede no haber un vínculo que sea fácilmente definible.

Aumente la ingesta de magnesio

Se cree que quienes sufren migrañas suelen tener bajas concentraciones de magnesio en el cerebro, y un aumento en la ingesta de magnesio ha tenido buenos resultados, por lo menos anecdóticamente. El magnesio participa en la producción de energía, relajación de los músculos, funcionamiento correcto del sistema nervioso, y más de mil otras reacciones biológicas, así que es ciertamente plausible lo que han reportado los enfermos de migrañas. Las mejores fuentes de magnesio son las hortalizas de hoja verde. El magnesio es a las plantas lo que el hierro es a los humanos, y es un componente clave de la clorofila, el pigmento verde de las plantas. Si es verde, está repleto de magnesio.

Aumente la ingesta de omega 3

Existe evidencia que sugiere que reducir la inflamación en el cuerpo puede ser benéfico en los casos de migraña. Una de las mejores maneras de hacerlo por medio de la dieta es aumentar la ingesta de ácidos grasos omega 3, en particular los EPA y DHA a partir de pescado graso. Estos se metabolizan en el cuerpo para formar nuestros propios compuestos internos antiinflamatorios naturales, las prostaglandinas.

Ingredientes clave:

Hortalizas de hojas verdes como la col rizada – repletas de magnesio
Salmón y otros pescados grasos (caballa, arenque) – fuentes ricas de EPA y DHA

Recetas recomendadas:

Bastoncitos de espárragos y salmón ahumado para el huevo, página 42
Ensalada de col rizada y papitas, con salsa de cacahuate y chile, página 114

ESTRÉS

Ciertos tipos de estrés pueden ser útiles, pero lo que vuelve tan malo al estrés frecuente y regular es el aumento de hormonas, como la adrenalina y cortisol, que incrementan la presión arterial, hacen que el corazón bombee con más fuerza y velocidad para llevar más oxígeno a nuestros tejidos, y hacernos reaccionar con mayor rapidez y trabajar más arduamente. Estas hormonas también hacen que nuestro cuerpo secrete insulina para que nuestras células absorban más azúcar y puedan funcionar mejor al sacarnos de una situación de peligro. Todas estas respuestas son vitales, y cuando solo ocurren de vez en cuando, las hormonas se descomponen rápidamente y nuestra fisiología vuelve a su estado normal. Sin embargo, cuando nos encontramos en un estado habitual de estrés, esta respuesta ocurre con mayor frecuencia, lo que puede elevar nuestra presión sanguínea y aumentar el riesgo de enfermedades del corazón. También vamos acumulando cortisol, la hormona del estrés. Si esto ocurre producimos menos glóbulos blancos, lo que altera nuestro sistema inmune. El sistema digestivo se deteriora y la absorción de nutrientes se reduce, afectando nuestro estatus nutricional y perjudicando nuestra salud. El sistema nervioso y las glándulas adrenales también reciben una paliza que puede llevarnos a la ansiedad, estallidos de ira, agotamiento e incluso colapsos nerviosos. Por supuesto, los alimentos no eliminarán la fuente del estrés, pero lo que consuma podrá sin duda ayudar a calmar las implicaciones fisiológicas.

Manejo del azúcar en sangre

Las fluctuaciones del azúcar en sangre pueden afectar drásticamente nuestro ánimo y tener un impacto muy importante en la manera que respondemos a los estímulos de estrés. Cuando nuestro azúcar en sangre sube aceleradamente, podemos sentirnos como si pudiéramos enfrentar cualquier cosa, y también somos menos propensos a reaccionar negativamente a situaciones estresantes. Cuando nuestro azúcar en sangre baja demasiado, sin embargo, podemos sentirnos aletargados, deprimidos, ansiosos y temperamentales, y hasta el más diminuto de los factores estresantes puede hacernos perder los estribos. Al enfocarnos en los ingredientes de bajo IG que liberan su energía muy lentamente, podemos mantener los niveles mucho más estables. Este tipo de alimentos incluyen los granos enteros, proteínas magras, grasas saludables y, por supuesto, frutas y verduras frescas y sanas. La forma en que componemos nuestras comidas puede ayudar a estabilizar incluso más el azúcar en sangre: asegúrese de que cada alimento contenga un carbohidrato complejo como arroces y panes integrales o quínoa; una proteína magra como pescado, pollo o productos lácteos magros; algunas grasas saludables como aceite de oliva o aguacate, y algunas frutas y verduras. Cuando las comidas se componen así, liberarán su energía más despacio.

Aumente su ingesta de omega 3

Para la ansiedad, los cambios repentinos de humor, el enojo, la depresión, o incluso la fatiga mental, el omega 3 debe guardar un puesto de honor en su arsenal. Existe mucha evidencia que apoya el uso de omega 3 en estas situaciones. Un omega 3 adecuado puede mejorar la forma en que nuestro sistema nervioso usa los químicos cerebrales que nos hacen sentir bien, y puede reducir el impacto negativo que un estrés prolongado tiene sobre el sistema nervioso. Cuando estamos bajo estrés prolongado acumulamos saltos de cortisol e insulina por las crecidas de adrenalina y creamos más inflamación en el cuerpo, que puede aumentar nuestro riesgo de enfermedades crónicas. El omega 3, nos ayuda a fabricar compuestos internos antiinflamatorios.

Aumente la ingesta de vitamina B

Las vitaminas B son componentes vitales en el manejo dietético del estrés. Participan en el apoyo de glándulas adrenales sanas y un sistema nervioso saludable. Durante periodos de estrés, se usan muy rápidamente, y como resultado muchos de nosotros tenemos deficiencia de estas. Aunado esto a la ingesta pobre en general de vitaminas B en la dieta occidental, le dejará notar la rapidez con la que surge la insuficiencia.

Aumente la ingesta de zinc

Este mineral vital es importante en el manejo del estrés en dos sentidos claros. El primero, el estrés prolongado afecta negativamente el sistema inmune, y muchas personas que pasan por periodos estresantes a menudo pescan resfriados e infecciones. El zinc favorece a nuestro sistema inmunológico porque ayuda a los glóbulos blancos a codificar el material genético que nos auxilia en la regulación del modo en que reaccionan ante los microbios. Por eso es tan efectivo en resfriados. La segunda razón es que el zinc está involucrado en regular el efecto de la serotonina, el químico de nuestro cerebro que nos hace sentir bien. Hay numerosos vínculos entre un bajo nivel de zinc y la depresión y estados de ánimo bajos.

Consuma más alimentos ricos en magnesio

El magnesio es un factor importante en el estrés, pues nos puede ayudar a sentirnos más relajados. El magnesio funciona ayudando a que las fibras musculares se relajen, haciendo que estemos menos tensos.

Ingredientes clave:

Arroz integral, trigo bulgur, avena – altos en vitaminas B
Salmón – rico en omega 3
Hortalizas de hoja verde, como col rizada – las verduras verdes contienen muchísimo magnesio
Langostinos – repletos de zinc y algo de omega 3
Pepitas de calabaza – abundantes en zinc

Recetas recomendadas:

Sándwich *decker* sencillo de centeno y huevo cremoso con arúgula, página 64
Stir-fry satay de verduras de hoja verde, página 75
Paté de caballa ahumada (macarela) cero estrés, página 92
Barras de plátano, cacahuate y avena, página 98
Salmón al horno con corteza de hierbas omega, página 132
Brochetas de langostinos y salmón con ensalada cítrica de quínoa, página 142

CORAZÓN Y CIRCULACIÓN

COLESTEROL ALTO

El colesterol es una sustancia vital. Todas nuestras hormonas esteroideas, como el estrógeno y la testosterona, están hechas de este. Es un componente estructural de nuestras membranas celulares, y un precursor para la vitamina D. Sin embargo, un exceso de colesterol puede ser un problema. Otra cuestión es que el equilibrio entre los dos tipos, HDL y LDL, sea favorable. El colesterol se ha vuelto un punto focal para muchos pacientes; es uno de los indicadores clave del riesgo de enfermedades del corazón, y muchas personas toman algún tipo de medicina para reducirlo. Hay varios factores que pueden afectar los niveles de colesterol, pero uno de los principales es la dieta; por suerte, es sobre el que más control tenemos en el día a día.

Logre los niveles correctos de grasas buenas y malas

Todos hemos escuchado que debemos cortar la cantidad de grasas que consumimos si queremos cuidar nuestros corazones. Sin embargo, las grasas alimenticias son un componente esencial de la buena salud, y comer las grasas correctas en las cantidades correctas logra incluso mejorar nuestros niveles de colesterol al aumentar la lipoproteína de alta densidad (HDL, la proteína transportadora que lleva el colesterol desde las células y lo devuelve al hígado para su descomposición y eliminación), y reducir nuestros niveles de lipoproteína de baja densidad (LDL, la proteína transportadora que lleva el colesterol recién hecho desde el hígado hasta los tejidos del cuerpo). Cuando reducimos nuestra ingesta total de grasa, reducimos nuestro LDL pero también nuestro HDL, lo que es malo para el corazón.

La otra parte del problema es que algunos productos que empezaron a anunciar que contenían «grasas no saturadas saludables para el corazón», en realidad son altas en un tipo de lípido más nuevo y mucho peor: grasas trans. Estas se alteran químicamente para cambiar las propiedades físicas de los productos que las contienen, lo que también suele ocurrir como un resultado de las técnicas de procesamiento. Por ejemplo, muchos productos para untar a base de grasa vegetal están hechos de aceite de girasol, que es líquido a temperatura ambiente. Para lograr que se comporte más como la mantequilla, literalmente invierten su estructura química, creando las grasas trans, estupendas para los fabricantes de alimentos, pero no para el cuerpo. Estas grasas trans pueden reducir rápidamente los niveles de HDL, y disparar el LDL; también pueden disparar inflamación localizada, un factor importante en el inicio de enfermedades del corazón. Más bien, deberíamos concentrarnos en aumentar nuestra ingesta de grasas buenas, evitando las malas. Las grasas buenas son esencialmente los ácidos grasos, omega 3, 6 y 9. El omega

3 debería dominar, pues este tiene el mejor efecto sobre los niveles de colesterol, reduciendo el LDL y elevando el HDL. También hay otros beneficios para el corazón, como la reducción del riesgo de coagulación y de la presión arterial. Utilice aceite de oliva para cocinar y aceites de coco para reducir la formación de grasas trans. Además, el aceite de oliva es particularmente rico en ácido oleico, el ácido graso omega 9 que ha demostrado tener un impacto positivo sobre los niveles de colesterol.

Utilice con inteligencia los carbohidratos

Otro resultado del éxodo de las comidas grasas es que ahora estamos consumiendo más carbohidratos. No es necesariamente un desastre, pero estamos comiendo demasiados carbohidratos refinados como pan blanco, arroz blanco, pasta blanca, azúcar, golosinas y chocolates. Estos se digieren en forma veloz y liberan sus azúcares muy rápido, provocando un repunte en el azúcar en sangre. Esto puede tener consecuencias serias, pero nuestros cuerpos tienen mecanismos efectivos para manejarlo. La primera parte es la secreción de insulina, la cual le dice a las células que absorban el azúcar con más rapidez, para usarla como energía. Es un sistema efectivo y rápido, pero solo una cantidad fija de glucosa puede penetrar la célula a la vez. Cuando la capacidad de absorber glucosa se excede (lo que ocurre tras comer carbohidratos de liberación rápida), otro mecanismo arranca para bajar los niveles de azúcar, donde el exceso de azúcar puede convertirse en LDL (malo), y tan-tan, nuestros niveles de LDL suben. Sin embargo, los carbohidratos de buena calidad como los contenidos en granos integrales, legumbres y verduras cocidas ligeramente, tendrán un efecto estabilizador del azúcar en sangre, y se evitará esto. También son una gran fuente de vitaminas B y minerales, así que deberían ser su única elección de carbohidratos.

Consuma más fibra

Además de darnos regularidad intestinal, la fibra también es importante para mantener a raya al colesterol. Este último se produce en el hígado. Una parte entra directamente a nuestro flujo sanguíneo, y otra es llevada desde el hígado por medio de la vesícula biliar, luego al tracto digestivo, donde se absorbe en la sangre. Ciertas fibras, especialmente las solubles, como las que se encuentran en manzanas, algunas semillas y legumbres, se enlazan físicamente al colesterol en el tracto digestivo y lo arrastran por los intestinos, evitando que sea absorbido.

Ingredientes clave:

Manzanas – ricas en pectina, fibra soluble efectiva
Hongos *shiitake* – contienen eritadenina, que ha demostrado elevar el HDL y disminuir el LDL
Pepitas de calabaza – altas en beta-sitoserol
Salmón, anchoas, atún, caballa – ricos en omega 3
Avena, trigo bulgur – abundantes en beta-glucano, una efectiva fibra soluble
Dátiles – ricos en beta-glucano

Recetas recomendadas:
Santo *shiitake*, página 68
Flapjacks de manzana y canela, página 94
Crumble de verduras con cubierta de avena y queso, página 123
Cocido beta de garbanzo y camote, página 126
Berenjena al horno rellena de jitomate y lentejas, página 129
Salmón al horno con corteza de hierbas omega, página 132
Filete de atún con corteza de avena y puré de espárragos, página 136
Gajos de manzana especiada al horno con compota saludable para el corazón, página 150

PRESIÓN ARTERIAL ALTA

La presión arterial alta, o hipertensión, es uno de los mayores factores de riesgo para las enfermedades del corazón, paros cardiacos y derrames. La presión en los vasos sanguíneos se regula por medio de la contracción y relajamiento de sus paredes musculares, en respuesta a las demandas físicas sobre el cuerpo. Hay muchos factores que pueden afectar, incluida la actividad física y movimiento, estrés, dieta y edad. Los factores dietéticos pueden causar un aumento tanto en la contracción como en el relajamiento de los vasos, y afectar también la flexibilidad y capacidad de respuesta del músculo. Cuanto mayor la presión, mayor la fricción contra la piel interna que recubre los vasos, lo que puede causar daños. Cuando esto ocurre, el recubrimiento de los vasos sangra, y se pueden formar coágulos.

Reduzca la ingesta de sal

Lo ha escuchado millones de veces, pero es necesario reducir la sal. En concreto, debemos reducir el sodio. Muchos minerales dietéticos adoptan forma de sales, todas vitales para nuestra salud, incluido el sodio; el problema es la dosis. El sodio reduce la eliminación de orina, lo que causa que el cuerpo retenga agua. Cuando esto ocurre, la parte acuosa de nuestra sangre, el suero, aumenta y sube la presión sanguínea. El sodio también es vasoconstrictor: provoca que las paredes del vaso se constriñan y angosten, sumándose a la presión. Sin embargo, necesitamos algo de sal, y por suerte hay algunas en el mercado que son bajas en sodio y altas en otros minerales. Dan un sabor salado sin impactar tanto sobre la presión sanguínea, y ofrecen una alternativa perfecta a la sal de mesa. Por otro lado está la sal que se esconde en los alimentos chatarra. Esto muestra la importancia de consumir alimentos frescos y de cocinar su propia comida dentro de lo posible.

Aumente los niveles de potasio

El potasio es casi un antídoto para un exceso de sodio, y reduce sus efectos. La investigación ha revelado que una mayor ingesta de potasio está vinculada con una presión arterial más baja y menos complicaciones relacionadas. No queda claro cómo funciona esto, pero existen varias teorías. El potasio podría reducir la capacidad de respuesta de los vasos sanguíneos a la señalización hormonal que lleva al aumento de la presión arterial; podría también mostrar el efecto contrario en los vasos sanguíneos, relajándolos.

Reduzca la cafeína
No hablo mucho de reducir o eliminar cosas, pero en el caso de la hipertensión, disminuir el consumo de cafeína fuerte puede ser vital. La cafeína puede darle un doble golpe a la presión arterial. En primer lugar, aumenta la liberación de hormonas como la adrenalina, que estimula la constricción de vasos sanguíneos, haciendo que se angosten y aumentando la presión en ellos. En segundo, el café nos pone nerviosos. Esto puede hacernos reaccionar más intensamente a los estreses y presiones, lo que provoca que la presión arterial se dispare.

Aumente su ingesta de omega 3
Esos ácidos grasos vitales que tanto defiendo son esenciales para todos los sistemas del cuerpo, incluida la presión arterial. Se metabolizan para formar prostaglandinas, las cuales juegan numerosos papeles reguladores. Hay bastantes tipos de prostaglandinas, pero las que se forman a partir de omega 3 contribuyen a relajar las paredes musculares de los vasos sanguíneos, ayudando a ensancharlos; también ayudan a reducir la inflamación, la cual puede no solo dañar el recubrimiento interno de los vasos, sino también volverlos menos flexibles.

Ingredientes clave:
Sal baja en sodio/alta en potasio – ayuda a reducir los efectos dañinos de sodio sobre la presión sanguínea
Plátanos – fuente rica en potasio
Uvas – contienen dos componentes que ayudan a ensanchar los vasos sanguíneos
Espinaca – fuente rica en potasio
Lentejas - fuente rica en potasio
Chile – vasodilatador (ensancha los vasos sanguíneos)
Salmón – rico en omega 3
Betabel – repleto de nitratos que aumentan el óxido nítrico, que ayuda a ensanchar los vasos sanguíneos

Recetas recomendadas:
Dhal especiado de coco, página 88
Quesadillas integrales de frijol, página 112
Tarta de betabel, cebolla morada y queso de cabra, página 130
Curry de langostinos para potenciar el sistema inmune, página 134
Filete de caballa a la parrilla con hinojo y poro salteados, página 137
Caballa con betabel y rábano picante, página 140

D SISTEMA DIGESTIVO

HINCHAZÓN
La hinchazón es una experiencia común aunque algo subjetiva; la mayoría de la gente la describe como sentirse muy llenos, con una opresión en el abdomen, y también inflamación. La causa es el gas en el tracto digestivo, producido por las bacterias intestinales, lo cual ocurre cuando estas comienzan a fermentar ciertos componentes de nuestra comida. Diferentes alimentos pueden ser problemáticos para distintos individuos, pero a menudo son las comidas con muchos azúcares, como fruta o carbohidratos con mucho almidón. Algunos azúcares también alimentan esas malas bacterias, lo que empeora la hinchazón y el estreñimiento.

Coma hierbas para reducir el gas
Algunos alimentos tienen un largo historial de aminorar el gas y calmar la hinchazón, por lo general plantas con aromas fuertes, como muchas hierbas de olor. Los químicos responsables por los aromas y sabores penetrantes suelen descomponer y disipar el gas; muchos también relajan las paredes de vientre, e incluso regulan el movimiento de los contenidos intestinales. Grandes ejemplos son la menta, hinojo, alcaravea, anís y albahaca.

Manténgase hidratado para evitar estreñirse
Sonará extraño, pero estar deshidratado puede aumentar la hinchazón. Necesitamos suficiente agua (de 6 a 8 vasos al día) para asegurarnos de que la fibra se hinchará en el tracto digestivo y ayudará a mantener los intestinos en movimiento. Si tenemos un poco de estreñimiento, las heces se quedan en el intestino por más tiempo y puede ocurrir la fermentación. ¡Súper! Mantener regularidad es vital, y la hidratación es una parte importante de ello.

Aliente la buena bacteria intestinal
Las bacterias *buenas* en nuestro tracto digestivo regulan casi todos los aspectos de la digestión, desde descomponer alimentos hasta fabricar nutrientes, incluso haciendo mantenimiento y reparaciones del tejido intestinal. Hasta el menor desequilibrio o debilitación de esta comunidad bacteriana puede causar problemas. Las bacterias menos deseables pueden prosperar, y ser las causantes del gas y la hinchazón cuando se consumen alimentos desencadenantes. Mucha gente encuentra que mejorar la flora intestinal hace maravillas. Hay diversas maneras de hacerlo: la primera es consumir alimentos probióticos, como los yogures con cultivos vivos de alta calidad. La otra es comer alimentos prebióticos, ricos en compuestos que funcionan como una fuente alimenticia para la bacteria buena, haciendo que crezca y prospere. Esto incluye la cebolla, chirivía, alcachofa de Jerusalén, camote y más. Sin embargo, una advertencia: las primeras veces que consuma alimentos prebióticos, tal vez se

inflame e incluso tenga más gas. Paciencia, pues es una respuesta normal y pasará rápido si le da la oportunidad.

Lleve un diario de síntomas

Aunque no es estrictamente una intervención dietética, mantener un diario de síntomas es indispensable. Registre sus síntomas, junto con lo que comió y tomó todos los días durante unas cuantas semanas. Empezará a ver que se forman ciertos patrones, y podrá notar que ciertos alimentos y bebidas son más problemáticos para usted que otros, entonces puede evitarlos.

Ingredientes clave:
Menta – ayuda a descomponer el gas y relaja la pared intestinal, dando un rápido alivio a la hinchazón
Anís, albahaca, alcaravea, hinojo – descomponen y eliminan el gas
Yogur probiótico de cultivos vivos – repleto de bacterias probióticas que favorecen la colonia bacteriana de su propio cuerpo
Alcachofa de Jerusalén, chirivía, camote – prebióticos que animan el crecimiento de las bacterias buenas
Papaya – contiene una enzima llamada papaína, que puede ayudar a calmar la hinchazón
Alimentos ricos en fibra (legumbres, granos enteros) – ayudan a mantener la regularidad, reduciendo el riesgo de hinchazón

Recetas recomendadas:
Crunch de capas probióticas, página 34
El dínamo digestivo, página 47
Sopa de jitomate y lentejas, página 54
Camotes asados con humus omega, página 110
Crumble de verduras con cubierta de avena y queso, página 123
Cocido beta de garbanzo y camote, página 126
Té para la pancita, página 160

ESTREÑIMIENTO

El estreñimiento es una de las preocupaciones de salud menores más comunes en el mundo occidental. El problema real llega cuando se vuelve un asunto crónico, cosa que está aumentando. Los factores más comunes son la falta de fibra en la dieta e insuficiente ingesta de agua. La fibra se hincha y estira las paredes intestinales, que contienen receptores especiales que perciben este estiramiento. Los músculos en la pared intestinal después se contraen en una serie de olas conocidas como peristalsis, el movimiento constante, natural y rítmico que nos ayuda a mantener la regularidad digestiva. Para que ocurra, necesitamos suficiente fibra, y tomar suficientes fluidos. El estrés, algunos medicamentos y poca actividad física también causan o empeoran el estreñimiento.

Consuma más fibra

Aumentar la fibra en realidad se trata de cambiar a comidas integrales y reducir la ingesta de alimentos procesados como las comidas preparadas y los carbohidratos como el pan blanco, arroz blanco y pasta blanca; en vez de estos, coma más fruta, verduras, nueces, semillas, legumbres y granos. Si le gusta el arroz, prefiera el integral; si le gusta el pan, opte por multigrano.

Manténgase hidratado

Tomar suficiente agua garantizará que la fibra en su dieta se hinche y estimule la peristalsis, manteniendo buen movimiento en todo ese asunto.

Ingredientes clave:
Manzanas – repletas de una fibra soluble llamada pectina, que ayuda a ablandar las heces
Frutas y verduras frescas – altas en fibra de buena calidad, sin mencionar la gran variedad de micronutrientes
Frijoles y legumbres – una gran fuente de fibra
Arroz integral, avena – granos ricos en fibra y de bajo IG
Dátiles – contienen beta-glucano, estupendo para mantener todo en movimiento

Recetas recomendadas:
Barras de desayuno para despegar, página 32
Kedgeree para arrancar, página 44
Frijoles blancos al ajo con col rizada (*kale*) y parmesano, página 84
Flapjacks de manzana y canela, página 94

ENFERMEDAD DE CROHN

La enfermedad de Crohn es un padecimiento inflamatorio crónico del tracto digestivo que causa un ensanchamiento de las paredes intestinales y una reducción en su funcionamiento, lo que puede resultar en síntomas desde la mala absorción de nutrientes hasta dolores abdominales, diarrea, pérdida de peso, fatiga, hinchazón e incluso fiebre y dolor en las articulaciones. La causa exacta se desconoce, pero se cree que tiene un origen autoinmune; el sistema inmune crea anticuerpos que atacan los tejidos en el tracto digestivo. Nadie sabe por qué, pero hay teorías que la relacionan con virus, ciertas comidas, incluso factores ambientales. Como en todos los padecimientos, hay que conjuntar la dieta con un tratamiento médico.

Coma el arcoíris para aumentar los antioxidantes

Los antioxidantes son cruciales para reducir la inflamación, en particular en superficies de órganos con las que entran en contacto directo. Algunas de las respuestas inflamatorias son provocadas por los radicales libres, compuestos altamente reactivos y dañinos que se producen en el cuerpo. Los antioxidantes pueden amortiguar sus efectos y ayudar a reducir la inflamación, y proteger a los tejidos de daños a largo plazo. Aumente su ingesta de frutas y verduras de colores brillantes, como los pimientos rojos, camotes, rábanos y betabel. Los compuestos que les dan los colores brillantes son poderosos antioxidantes.

Aumente el omega 3 para manejar la inflamación
Distintas grasas proporcionan diferentes acciones en el cuerpo. Aumentar nuestra ingesta de ácidos grasos omega 3 de fuentes como el pescado graso y la linaza ayuda al cuerpo a producir compuestos antiinflamatorios, puede facilitar y reducir drásticamente la inflamación. También podemos reducir los ácidos grasos omega 6 y el ácido araquidónico, contenidos en la carne roja y los aceites vegetales, los cuales aceleraran la inflamación. La dieta mediterránea, rica en aceites grasos, aceite de oliva, verduras y frutas, proporciona un balance óptimo.

Coma menos comida cruda
Normalmente animo a la gente a comer más frutas y verduras crudas. Sin embargo, mucha evidencia indica que esto puede resultar problemático en la enfermedad de Crohn, ya que puede generar trabajo duro para el sistema digestivo, cosa que está bien en una persona sana porque mejora la función digestiva. Pero con este padecimiento el intestino necesita reposar, en particular en periodos de crisis. Las sopas, estofados y platillos de verduras bien cocidas son ideales.

Anime la bacteria buena
Hay evidencia ambivalente sobre los probióticos en la enfermedad de Crohn, pero creo que son benéficos por varias razones. En primer lugar, las bacterias buenas en el intestino mejoran la digestión en general, cosa que solo puede ser buena. En segundo lugar, estas bacterias juegan un papel en reparar y mantener el revestimiento del intestino, lo cual es benéfico para quienes sufren de Crohn. Sabemos ahora que las bacterias del intestino ayudan a regular el sistema inmune, tanto local como sistémicamente, lo que podría explicar por qué algunos ensayos clínicos han demostrado que los pacientes con mejor flora intestinal tienen menos recaídas de su condición. Recomiendo yogur vivo probiótico y quizás algún tipo de suplemento probiótico, ambos de buena calidad.

Ingredientes clave:
Pimientos rojos, camotes – ricos en antioxidantes
Pescados grasos (salmón, caballa, arenque) – repletos de omega 3 antiinflamatorios
Yogur probiótico de cultivos vivos – rico en bacterias buenas

Recetas recomendadas:
Bastoncitos de espárragos y salmón ahumado para el huevo, página 42
Sopa thai de pescado, página 50
El refuerzo beta, página 86
Camotes asados con humus omega, página 110
Risotto de betabel y chícharos con menta y feta, página 124

HEMORROIDES
Las hemorroides son vasos sanguíneos distorsionados en la parte inferior del intestino y ano. Comúnmente surgen por estreñimiento persistente, o por esforzarse para ir al baño. De cualquier manera, hay un aumento de presión sobre los vasos sanguíneos en el intestino bajo. Esto hace que se desfiguren, y que secciones de estos sobresalgan y sangren.

Aumente la ingesta de fibra
Esto podrá sonar obvio, pero mucha gente consume cantidades mínimas de fibra a diario. La fibra de la fruta, verduras, granos enteros y legumbres ayudará a ablandar las heces, con lo cual será más fácil eliminarlas. También ayuda a hacer más bulto en la materia fecal, lo que a su vez estimula los receptores de estiramiento en las paredes intestinales, aumentando la contracción de estas y moviendo el contenido del intestino de forma efectiva, ayudando así a aliviar la constipación.

Manténgase hidratado
Por otro lado, debe mantenerse hidratado. Ingerir suficiente agua ayudará a la fibra dietética a hincharse, lo cual ayuda a la estimulación de los receptores de estiramiento. Intente tomar por lo menos de 6 a 8 vasos de agua al día.

Consuma alimentos ricos en flavonoides
Los flavonoides se han estudiado ampliamente en años recientes, incluso han llegado hasta los fármacos convencionales. Se sabe que fortalecen las paredes de los vasos sanguíneos, lo que los vuelve más resistentes al daño y la distorsión. Se encuentran en alimentos como las moras azules, chocolate, vino tinto y pimientos rojos, entre otros.

Ingredientes clave:
Avena – rica en fibra soluble e insoluble para mantener la regularidad
Arroz integral, quínoa – otros básicos ricos en fibra
Moras – colmadas de flavonoides
Cebolla morada – otro alimento rico en flavonoides

Recetas recomendadas:
Crunch de capas probióticas, página 34
Ensalada de poder púrpura, página 78
Flapjacks de manzana y canela, página 94
Crumble especiado de cerezas para las buenas noches, página 146

SÍNDROME DE INTESTINO IRRITABLE (IBS)
Este síndrome, IBS por sus siglas en inglés, es uno de los padecimientos digestivos más comunes. Se puede presentar como estreñimiento, diarrea, hinchazón, gas, cólicos digestivos y necesidad urgente de ir al baño. Los síntomas, que se presentan de manera aislada o en combinación, vienen y van con frecuencia, y quienes lo

padecen experimentan periodos sin problemas y periodos con ataques regulares. Para mucha gente, los síntomas aparecen después de comer.

Diarrea IBS: evite la fibra insoluble

Existe evidencia que sugiere que quienes sufren de IBS caracterizada por diarrea, podrían beneficiarse de la reducción en la cantidad de fibra insoluble que consumen. Esta se encuentra en alimentos como el salvado, panes y cereales integrales, frijoles y legumbres.

Estreñimiento IBS: aumente la fibra soluble

La fibra soluble hincha el tracto digestivo y en verdad ablanda las heces, lo cual aumenta el tamaño y volumen de estas, estirando a su vez la pared intestinal. Hay receptores de estiramiento en las paredes intestinales, y una vez activados causan una contracción de reflejo en los músculos del intestino. Esto provoca una contracción rítmica natural en el intestino llamada peristalsis, que hace pasar los contenidos del intestino. También es importante mantenerse hidratados. Tomar suficiente agua (de 6 a 8 vasos al día) es vital para permitir que la fibra soluble se hinche en el tracto digestivo y ofrezca los beneficios descritos.

Fortalezca la flora intestinal

La flora intestinal, las *bacterias buenas* que viven en nuestro tracto digestivo, participan en la regulación de casi todos los aspectos de la salud digestiva. Han mostrado grandes beneficios en temas como hinchazón, diarrea y estreñimiento, así que favorecerlas es de claro provecho para quienes padecen el IBS.

Ingredientes clave:

Avena, dátiles – ricos en una fibra soluble beta-glucano
Arroz integral, frijoles y legumbres – fuentes de fibra
Manzanas – ricas en pectina una fibra soluble
Hierbas frescas – todas las conocidas por reducir la hinchazón y gas
Yogur probiótico con cultivos vivos – para aumentar las bacterias buenas

Recetas recomendadas:

Flapjacks de manzana y canela, página 94
Crumble de verduras con cubierta de avena y queso, página 123
Berenjena al horno rellena de jitomate y lentejas, página 129
Helado de yogur probiótico de piña, papaya y menta, página 145
Smoothie probiótico de mango, página 158
Té para la pancita, página 160

SISTEMAS REPRODUCTIVO Y URINARIO

CISTITIS

La cistitis suele ser provocada por una infección bacteriana en la vejiga y el tracto urinario, con frecuencia la E. Coli, el microbio que comúnmente asociamos con la intoxicación; este vive de manera natural en ciertas áreas de los tractos genitourinarios y digestivos. Si se encuentra en áreas donde normalmente no estaría, puede causar una infección al incrustarse en las paredes de la uretra y vejiga. El sistema inmune entra en acción para lidiar con los invasores, y como resultado las paredes de la vejiga y uretra se inflaman, lo que ocasiona el dolor y malestar que la mayoría de las personas padecen con la cistitis.

Consuma arándanos

Los arándanos y el jugo de arándano tienen una larga reputación como remedio para la cistitis, y parece haber algo de cierto en ello. Se piensa que los arándanos contienen un compuesto que elimina al *E. Coli* de las paredes del tracto urinario, y también previene que se adhiera. Parece ser mejor preventivo que para tratamiento, aunque muchas personas dicen obtener alivio del jugo de arándano durante un crisis.

Manténgase hidratado

Una de las mejores formas de limpiar la cistitis es tomar bastante agua, porque así se incrementa la cantidad de fricción contra las paredes del tracto urinario al pasar la orina por ahí, y esto puede ayuda a expulsar las bacterias.

Ingredientes clave:

Arándanos – evitan que las bacterias se adhieran a las paredes del tracto urinario
Apio – aumenta la eliminación de orina

Receta recomendada:

Explosión de arándano y apio, página 162

ENDOMETRIOSIS

La endometriosis sucede cuando el tejido endometrial que normalmente recubre la matriz crece en áreas externas de esta, lo que podría ser en cualquier parte de la cavidad pélvica. Este tejido endometrial sinvergüenza se comportará del mismo modo que el que se encuentra en la matriz; es decir, responderá a las señales hormonales en el ciclo menstrual, y crecerá y sangrará de la misma manera que el recubrimiento uterino. Esto puede causar dolor e inflamación. Se desconocen las causas exactas, pero el tratamiento convencional suele incluir terapias hormonales como variedades de la píldora anticonceptiva, y a veces con antiinflamatorios.

Aumente la ingesta de fitoestrógenos

Estos compuestos se encuentran en los alimentos vegetales de forma químicamente similar al estrógeno producido en el cuerpo, lo que significa que se pueden enlazar naturalmente a los receptores de estrógeno. Esto les da un beneficio potencial al manejar cuestiones relacionadas con hormonas. Se encuentran con abundancia en legumbres como el garbanzo, alimentos de soya fermentada como el miso y *natto*, e incluso ingredientes tan humildes como el ruibarbo.

Aumente la ingesta de omega 3

Estos ácidos grasos vitales pueden ayudar a suavizar un poco el dolor durante un crisis de endometriosis. Esto es porque el omega 3 ayuda al cuerpo a crear sus propios compuestos antiinflamatorios naturales.

Ingredientes clave:
Garbanzos – altos en fitoestrógenos
Productos de soya fermentada - miso fresco, *natto* y *tempeh*, todos son fuentes ricas de fitoestrógenos
Pescados grasos (salmón, caballa, trucha, arenque) – repletos de ácidos grasos omega 3

Recetas recomendadas:
Ensalada de edamame y garbanzo con limón, chile y cilantro, página 61
Salmón de soya-ajonjolí con vegetales y arroz al coco, página 120
Cocido beta de garbanzo y camote, página 126

MENOPAUSIA

La menopausia llega cuando los ovarios dejan de funcionar correctamente, y los niveles de hormonas que se liberan, empiezan a fluctuar a medida que se vuelven menos efectivos con el pasar de cada ciclo. Cuando esto ocurre, el cerebro comienza a liberar otras hormonas que activan procesos dentro de los ovarios, en un intento de resucitarlos. El efecto de estas hormonas, aunado a un decaimiento de hormonas como estrógeno que habitualmente serían liberados por los ovarios, provoca caos en el cuerpo.

Consuma alimentos ricos en fitoestrógenos

Estos son químicos naturales de plantas, muy similares en forma al estrógeno del propio cuerpo. Como tal, estos compuestos pueden unirse a las células de tejidos que son sensibles a los estrógenos. Algunos de los síntomas que surgen en la menopausia se originan por el hecho de que estos tejidos de repente ven cortada su provisión de estrógeno, entonces enloquecen como un chiquillo sin caramelos. Se cree que los fitoestrógenos tienen tal efecto porque pueden enlazarse a los receptores que están pidiendo estrógeno a gritos. Esto los engaña y los hace pensar que hay una cantidad adecuada de estrógeno y evitan tanto escándalo.

Aumente los nutrientes para construir huesos

Uno de los grandes temas que surgen del declive de estrógeno es una pérdida en densidad ósea, así que es vital proveer el cuerpo de los nutrientes necesarios para evitar tal pérdida. Aunque todo mundo se centra sobre el calcio, en realidad es bastante difícil no obtenerlo en suficiente cantidad en la dieta diaria, a menos que se tenga un régimen alimenticio muy inusual. Tomar más calcio del necesario podría ser dañino a largo plazo para los riñones o el corazón. Me gusta utilizar la analogía de los ladrillos en un sitio de construcción. Aunque los ladrillos sin duda son el material estructural con que casi todo está hecho, sin un equipo de constructores no ocurrirá nada. Los ladrillos se quedarán ahí amontonados. Lo mismo sucede con la salud ósea. Tenemos que enfocarnos en los nutrientes que participan en la absorción, transporte y uso del calcio (los principales son la vitamina D y el magnesio), mientras seguimos consumiendo alimentos ricos en calcio. De esta manera, no solo proporcionan los nutrientes que forman el material estructural del esqueleto, sino también proveen lo necesario para hacer su trabajo.

Consuma pescado graso todos los días

Por principio, esto le ayudará con la salud esquelética en términos de lo que se mencionó arriba. Sin embargo, los ácidos grasos omega 3 pueden ayudar también con los bochornos. El omega 3 se metaboliza hacia distintos compuestos que favorecen la comunicación celular en el cuerpo, incluido el grupo de químicos llamados prostaglandinas. Uno de los papeles que juegan estos químicos es la regulación del sistema circulatorio, y bien pueden ayudar a reducir la dilatación excesiva de los vasos sanguíneos, lo que lleva a una sensación de rubor. Estos ácidos también son muy útiles para levantar los ánimos y calmar los síntomas de depresión y ansiedad, así que pueden ser un arma poderosa si encuentra que la menopausia está afectando su humor.

Controle el azúcar en sangre

Dos cuestiones importantes en la menopausia son los cambios de ánimo y los episodios de baja energía. Aunque los responsables son los cambios hormonales, unos cuantos arreglos en la dieta pueden ayudar a aminorar los síntomas. La clave está en seguir una dieta de bajo IG. Esto significa consumir nutrientes que liberan su energía lentamente y de manera constante, manteniendo el nivel de azúcar en sangre bien parejo y estable. Alimentos como los granos enteros, verduras ligeramente cocidas, proteínas magras y productos lácteos están al principio de la lista, iy los carbohidratos refinados como el pan blanco, arroz blanco y pasta blanca están prohibidos! Para llevar esto aún más lejos, trate de asegurarse de consumir una proteína de buena calidad y un carbohidrato de buena calidad juntos en cada comida. Cuando combina de este modo, los alimentos tardarán más en digerirse, más en liberar su energía, y serán mucho más gentiles con sus niveles de azúcar en sangre.

Ingredientes clave:
Caballa – repleta de calcio, vitamina D y omega 3
Arroz integral – bajo IG y lleno de vitaminas B que dan energía
Miso – colmado de fitoestrógenos
Garbanzos – repletos de fitoestrógenos
Semillas de linaza – ricas en fitoestrógenos y omega 3

Recetas recomendadas:
Kidgeree para arrancar, página 44
Ensalada de edamame y garbanzo con limón, chile y cilantro, página 61
Dip de edamame con chile y ajo, página 76
Salmón al horno con corteza de hierbas omega, página 132

Ingredientes clave:
Caballa – repleta de omega 3
Salmón – fuente muy rica de EPA y DHA
Almendras – ricas en GLA y DGLA
Verduras brillantes – ricas en antioxidantes
Espinaca – rica en vitamina C y hierro; cómala con jitomates para aumentar la absorción de hierro

Recetas recomendadas:
Sopa thai de pescado, página 50
Ensalada de nuez de Castilla y berros con queso azul, página 69
Paté de caballa ahumada (macarela) cero estrés, página 92
Filete de caballa a la parrilla con hinojo y poro salteados, página 137

PERIODOS PROBLEMÁTICOS

Muchas mujeres sufren de problemas hormonales, en particular con aspectos como la dismenorrea (periodos abundantes, dolorosos y problemáticos). Existen muchas razones posibles para ello, desde un aumento en niveles de estrés, hasta contaminantes ambientales o incluso el uso excesivo de la píldora anticonceptiva. Las infecciones también pueden crear este problema. Aunque es improbable que la causa esté directamente relacionada con la nutrición, un cambio en su dieta puede ayudar a reducir los síntomas.

Consuma muchos ácidos grasos esenciales

Coma muchos alimentos como almendras, aguacates, y lo más importante que todo, pescados grasos. Los ácidos grasos esenciales que contienen, como el omega 3 y DGLA, pueden tener un doble beneficio. El DGLA en alimentos como los aguacates y las almendras, ayuda a regular ciertas hormonas reproductivas y también puede reducir la producción de compuestos que causan la contracción del útero (una de las grandes causas del dolor menstrual). Los ácidos grasos omega 3 como el EPA y DHA tienen una potente actividad antiinflamatoria, así que pueden reducir el dolor y la inflamación.

Consuma el arcoíris

Lo siento, ¡esto no significa caramelos de colores! Me refiero a las frutas y verduras de colores intensos, como los pimientos, betabel, camotes y col rizada. Muchos compuestos responsables de sus colores brillantes también tienen actividades antioxidantes y antiinflamatorias.

Aumente la ingesta de vitamina C

Esto le ayudará a absorber más hierro de los alimentos. Uno de los principales problemas para las mujeres con periodos abundantes es la pérdida de hierro por medio de la sangre. La vitamina C ayuda a que el hierro se absorba en forma más efectiva.

SÍNDROME DE OVARIO POLIQUÍSTICO (SOP)

El SOP (PCOS, siglas en inglés) se caracteriza por la formación de quistes en los ovarios, que son óvulos que no se formaron correctamente. Cuando se forma un óvulo en el ovario, a veces sale del ahí atravesando la piel que le rodea, y entra en la trompa de Falopio, dejando atrás un pequeño saco de tejido cicatricial dentro del ovario, que después secreta hormonas que regulan diferentes aspectos del ciclo menstrual. En el SOP, el óvulo no puede liberarse del ovario, y forma en su lugar un bulto quístico. Los ovarios producen más andrógenos, (hormonas masculinas). Esto provoca síntomas como crecimiento de vello facial, anormalidades menstruales y aumento de peso.

Consuma una dieta de bajo IG

Existe un vínculo importante entre la resistencia a la insulina y el SOP. La resistencia a la insulina es una condición en que nuestras células no responden ya a las señales enviadas por la insulina (véase página 170). El papel de la insulina es decirles a las células que absorban el azúcar cuando esta se eleva en la sangre después de una comida, y cuando este sistema falla, puede haber varias consecuencias negativas. De estas, la más relevante para el SOP es que el cuerpo secrete más y más insulina para tratar de compensar la falta de capacidad de respuesta de las células. Las alzas en insulina hacen que los ovarios produzcan mayores niveles de lo normal de hormonas masculinas o andrógenos, específicamente la testosterona. Esto engrosa las paredes de los ovarios evitando que el óvulo logre salir, lo que lleva a la formación de quistes.

La mejor manera de empezar a sensibilizarse a la insulina es consumir una dieta de bajo IG, que estabilizará y normalizará el azúcar en sangre. Esto significa consumir cosas que liberen su energía lentamente, alimentando los niveles de azúcar en sangre a cuentagotas. Cuando se libera el azúcar a un paso mucho más parejo, no será necesario disparar picos tan grandes de insulina. Con el tiempo, esto hará que nuestras células sean mucho más sensibles a la insulina, ayudando así a dar marcha atrás en la resistencia a la insulina. Los alimentos de bajo IG incluyen granos enteros como arroz y pasta integrales, quínoa y trigo bulgur, las proteínas magras como pescado graso y aves, y verduras cocidas ligeramente. Para preparar comidas de bajo IG, use estos alimentos y asegúrese de incluir una proteína de buena calidad, un carbohidrato de buena calidad e idealmente una fuente de grasa de buena calidad en cada comida. Con el tiempo, este método puede reducir notablemente la resistencia a la insulina.

Consuma pescado graso

¿Cómo sabía que iba a decir eso? Por la importancia fisiológica de los ácidos grasos omega 3 que se presta bien a casi cualquier problema de salud. En los SOPs hay episodios de inflamación en los tejidos reproductivos, en particular en distintas etapas del ciclo. Los ácidos grasos omega 3 ayudan al cuerpo a crear sus propios compuestos internos naturales y antiinflamatorios.

Coma alimentos ricos en fitoestrógenos

Aunque los datos científicos difieren, hay reportes anecdóticos que sugieren que los alimentos ricos en fitoestrógenos pueden ser útiles en los SOPs y ayudar a nivelar las hormonas.

Ingredientes clave:
Arroz integral, quínoa, trigo bulgur – bajo IG
Caballa, Salmón – ricos en omega 3, proteína de buena calidad para preparar platillos de bajo IG
Miso – rico en fitoestrógenos
Garbanzos – ricos en fitoestrógenos

Recetas recomendadas:
Kedgeree para arrancar, página 44
Ensalada de edamame y garbanzo con limón, chile y cilantro, página 61
Filetes de atún con gajos de camote y verduras de hoja verde, página 118
Cocido beta de garbanzo y camote, página 126
Brochetas de langostinos y salmón con aderezo cítrico de quínoa, página 142

SALUD DE LA PRÓSTATA

La próstata es la glándula masculina que pasa por varios ciclos de crecimiento en la vida. Al nacer pesa alrededor de 1 gramo, y va creciendo hasta tener alrededor de 187 gramos en un adulto. Sin embargo, desde los 50 años en adelante, muchos hombres experimentan un nuevo ciclo de crecimiento y empiezan a padecer molestias relacionadas con el agrandamiento de la próstata. Cuando los niveles de la hormona testosterona bajan en relación con los niveles de estrógeno, la próstata empieza a crecer. Al ocurrir esto, la prima súper fuerte de la testosterona, la dihidrotestosterona (DHT) se vuelve más activa, y estimula el crecimiento del tejido prostático. Este crecimiento normal, conocido como hiperplasia prostática benigna (HPB) por lo general es inofensivo, pero en algunas circunstancias puede sentar las bases para el cáncer de próstata.

Consuma alimentos ricos en licopeno

El licopeno es un carotenoide que se presenta en un profundo color rojo en las plantas, y es el compuesto responsable de que los jitomates sean rojos. Se cree que reduce el riesgo de que el HPB progrese hasta convertirse en cáncer de próstata. Los procesos exactos de acción no son claros, y hay evidencia de que tiene pocos beneficios. Sin embargo, la mayor parte de la evidencia hasta la fecha indica un beneficio: las poblaciones con el mayor consumo de jitomate mostraron niveles menores de cáncer de próstata y HPB. Algunos estudios de suplementos de licopeno revelaron una reducción en los marcadores de cáncer de próstata en participantes que consumen licopeno.

Aumente el beta-sitosterol

Hay fuerte evidencia de que esta grasa de origen vegetal reduce los síntomas asociados con el tejido prostático agrandado. La evidencia es tan fuerte que en algunas partes de Europa la usan en fármacos por prescripción médica. No es muy claro cómo funciona exactamente, pero se cree que reduce la inflamación, y sin duda parece reducir el tamaño.

Consuma más alimentos ricos en zinc

El zinc es un mineral esencial para el funcionamiento normal de la próstata en el día a día. Aunque no hay evidencia que sugiera que el zinc pueda tratar los problemas de próstata, apoyar la salud general de esta glándula es claramente benéfico.

Ingredientes clave:
Jitomates – la fuente más rica de licopeno
Almendras – repletas de beta-sitosterol
Pepitas de calabaza – repletas de beta sitosterol y zinc
Aguacates – ricos en beta sitosterol
Langostinos – una buena fuente de zinc

Recetas recomendadas:
Gazpacho, página 58
Sándwich abierto de verduras asadas y guacamole, página 62
Curry de langostinos para potenciar el sistema inmune, página 134

BIENESTAR

Además de ayudar con los padecimientos individuales, muchos nutrientes también pueden proporcionar un impulso integral para todos los sistemas del cuerpo, contribuyendo a que funcione más eficazmente y dándole refuerzos. Aquí hay algunas cuestiones generales de bienestar en las que puede ayudarle la dieta.

FATIGA

Un poco de fatiga es perfectamente normal, pero algunos parece que estamos en un estado de cansancio casi constante. Por suerte, muchos de los factores que se han vinculado al aumento de fatiga están bajo nuestro control, pues una dieta pobre, un mal manejo del estrés y ejercicio insuficiente la aumentan. Sea cual sea la causa, existen claves en la nutrición que puede tomar en cuenta para sentirse mejor con bastante rapidez.

Consuma una dieta de bajo IG
Una de las formas más rápidas de agotar su energía es cuando experimenta cambios frecuentes del azúcar en sangre. Los alimentos que liberan su energía con rapidez, como los carbohidratos refinados, hacen que suba rápido nuestro azúcar en sangre. El cuerpo tiene mucho control sobre los niveles de azúcar en sangre, y cuando experimentamos una subida, secretamos la hormona insulina, la cual le dice a las células del cuerpo que absorban más azúcar. Cuanta más insulina se libera, más rápido se absorbe la glucosa. Después bajan rápido los niveles de azúcar en sangre y nos sentimos cansados. En ese momento, buscamos otro tentempié que nos levante, y se reinicia todo el proceso. La clave está en elegir alimentos que liberen lento su energía, combinándolos para desacelerar más el proceso. Comience por elegir lo integral y carbohidratos complejos como panes multigrano y quínoa, verduras frescas y proteínas magras como pescados grasos. Hay que combinarlos. Intente comer un carbohidrato complejo, una proteína magra, una verdura, y grasas buenas con cada comida.

Aumente la ingesta de vitamina B
Las vitaminas B se encuentran entre los nutrientes que con más frecuencia son deficientes, pero son vitales para la producción de energía. Son abundantes en muchos alimentos, pero se destruyen fácilmente al cocinar y procesar. Cuando la glucosa entra en nuestras células debe convertirse en una sustancia llamada ATP, que es lo que en verdad sirve para que nuestras células funcionen. Las vitaminas B no nos *dan* energía exactamente, sino que están involucradas en varias etapas de este proceso de conversión. Son abundantes en los granos enteros, levadura, hongos y espárragos.

Coma poco y con frecuencia
Es mejor hacer comidas ligeras cada par de horas en vez de comer tres abundantes al día, o saltarse comidas.

Comer así nivelará su azúcar en sangre, ¡y seguirán entrando esos nutrientes!

Manténgase hidratado
Incluso la menor deshidratación puede agotar sus niveles de energía. Tome de 6 a 8 vasos de agua al día.

Ingredientes clave:
Proteínas magras (pescado, aves, huevos, tofu)
Arroz integral – vitaminas B, carbohidratos de bajo IG
Quínoa – rica en proteínas y carbohidratos complejos, una alternativa de bajo IG para granos, llena de vitaminas B
Verduras de hojas verdes – vitaminas B y magnesio

Recetas recomendadas
Revuelto de espinaca y feta, página 31
***Kedgeree* para arrancar, página 44**
Bombas energéticas, página 96
Barras de plátano, cacahuate y avena, página 98
Brochetas de langostinos y salmón con ensalada cítrica de quínoa, página 142

RESACA

¡Esos síntomas familiares pueden pegar duro! La mayoría surgen de la deshidratación y disminución de minerales y nutrientes solubles en agua como vitaminas B y C.

Aumente la ingesta de magnesio
Se cree que algunos síntomas de la *cruda* están relacionados con la disminución de magnesio. Las hortalizas de hojas verdes están entre las mejores fuentes de este mineral básico.

Reponga sus electrolitos
Estos se pierden en abundancia cuando se bebe en demasía, y son vitales para mantener los niveles de agua y el funcionamiento de cada célula. Agregue una pizca de sal marina de buena calidad a cada vaso de agua que tome en la mañana.

Reponga sus vitaminas B
Las vitaminas B son solubles en agua y se agotan cuando bebemos mucho alcohol, ya que eliminamos más orina, dejándonos letárgicos y amodorrados.

Ingredientes clave:
Verduras de hojas verdes – repletas de magnesio
Huevos – vitaminas B y magnesio
Sal marina – contiene minerales electrolitos
Pan integral – lleno de vitaminas B y magnesio

Recetas recomendadas:
Huevos florentinos fáciles, página 38
Espinaca, jitomate y hongos *shiitake* sobre pan tostado, página 40
Jugo para despertar, página 158

ÍNDICE TEMÁTICO

LECTURAS RECOMENDADAS

ARTICULACIONES Y HUESOS
Datos sobre dieta y artritis reumatoide de la British Dietetic Association (BDA):
http://www.bda.uk.com/foodfacts/arthritis.pdf
Datos sobre dieta y osteoartritis de la British Dietetic Association:
http://www.bda.uk.com/foodfacts/Ostheoarthritis.pdf
Más información de la BDA, esta vez sobre estrategias dietéticas para la osteoporosis:
http://www.bda.uk.com/foodfacts/osteoporosis.pdf
Información más concisa sobre dieta y artritis de la NHS (National Health Service):
http://www.nhs.uk/Conditions/Arthritis/pages/Diet.aspx

SISTEMA METABÓLICO
Hoja de datos de la British Dietetic Association:
http://www.bda.uk.com/foodfacts/diabetes.pdf
Una gran fuente de Diabetes UK:
http://www.diabetes.org.uk/Guide-to-diabetes/Food_and_recipes/

SALUD MENTAL Y SISTEMA NERVIOSO
Un sitio web fantástico y exhaustivo del doctor Alex Richardson y el profesor Michael Crawford de la Universidad de Oxford:
http://fabresearch.org/
El centro Brain Bio también tiene una buena base de datos de investigación que se puede encontrar aquí:
http://www.foodforthebrain.org/content.asp?id_Content=488
Información interesante de la British Dietetic Association sobre la depresión:
http://www.bda.uk.com/news/090420Diet_Depression.html

CORAZÓN Y CIRCULACIÓN
La British Dietetic Association y la alimentación para la salud del corazón:
http://www.bda.uk.com/foodfacts/Eating4HealthyHeart.pdf
http://www.bda.uk.com/foodfacts/Hypertension.pdf
La British Heart Foundation tiene algunos consejos prácticos estupendos aquí:
http://www.bhf.org.uk/heart-health/prevention/healthy-eating.aspx
Comida *para llevar* saludable para el corazón, de Heart UK:
http://heartuk.org.uk/files/uploads/documents/huk_fs_s02_healthyeatingonthego.pdf
La dieta DASH para bajar la presión arterial:
http://www.nhlbi.nih.gov/health/public/heart/hbp/dash/new_dash.pdf
La dieta portafolio para bajar el colesterol:
http://heartuk.org.uk/images/uploads/healthylivingpdfs/HUK_factsheet_D01_portD.pdf

SISTEMAS REPRODUCTIVO Y URINARIO
Algunas pautas iniciales para dieta y menopausia:
http://www.nhs.uk/Livewell/menopause/Pages/Themenospauseanddiet.aspx
Información de Prostate Cancer UK sobre los vínculos entre la dieta y el manejo de problemas de próstata:
http://prostatecanceruk.org/information/living-with-prostate-cancer/diet-and-prostate-cancer
Una gran cantidad de datos sobre dieta y problemas de próstata:
http://prostate.org.au/articleLive/pages/Diet-and-Prostate_Cancer.html
Datos sobre dieta y PCOS [síndrome de ovario polquístico] de la British Dietetic Association:
http://www.bda.uk.com/foodfacts/pcos.pdf
Datos sobre dieta y síndrome premenstrual de la British Dietetic Association:
http://www.bda.uk.com/foodfacts/pms.pdf

BIENESTAR GENERAL
Algunos datos interesantes sobre la dieta y uno de los problemas más grandes del mundo occidental: la fatiga
http://www.bda.uk.com/foodfacts/CFS-MeandDiet.pdf

Clare Hulton: sin ti y tus hechizos, este libro no existiría.
Jenny Liddle: tu magia ha transformado mi carrera extraordinariamente.
Tanya Murkett: gracias al amor, apoyo y cuidados que me das cada día he
podido alcanzar las estrellas. Anne, Laura, Alex y Martin: me asombra ver en qué
se ha convertido este libro, desde la idea inicial hasta verlo evolucionar hacia
una maravillosa obra de arte. No podría estar más feliz. A Mamá y Papá, Ramsay
y Candy, Dr. Tom Gilhooly y toda la encantadora gente del show de Alan
Titchmarsh: gracias a todas las maravillosas personas que han influido en mi
vida y trabajo, y que me trajeron hasta este punto.

Directora editorial: Ann Furniss
Directora creativa: Helen Lewis
Editora de proyecto: Laura Gladwin
Arte y diseño: Smith & Gilmour
Fotógrafo: Martin Poole
Estilista de alimentos: Lucy Williams
Utilería: Wei Tang & Polly Webb-Wilsonmily Quah
Producción: James Finan

Título original: *The Medicinal Chef*
Traducción: Sonia Verjovsky y Cynthia Verjovsky Marcotte
Corrección técnica: Lole de la Torre Bouvet
Formación: Creativos SA

Publicado originalmente por Quadrille Publishing Limited
Primera edición: 2013

Primera edición en español: noviembre 2013
ISBN: 978-607-07-1778-9

Impreso y encuadernado en China por C&C Offset Printing